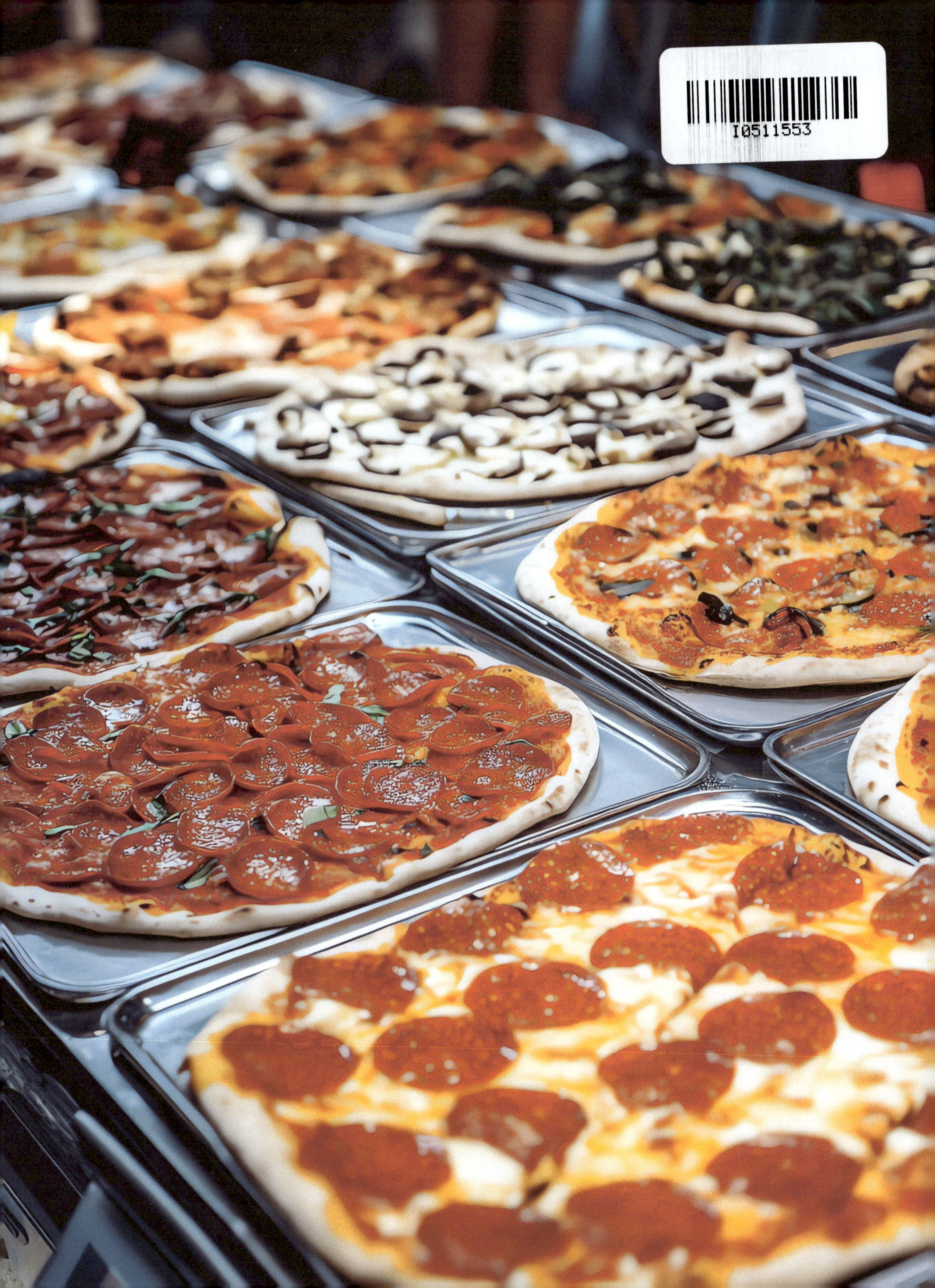

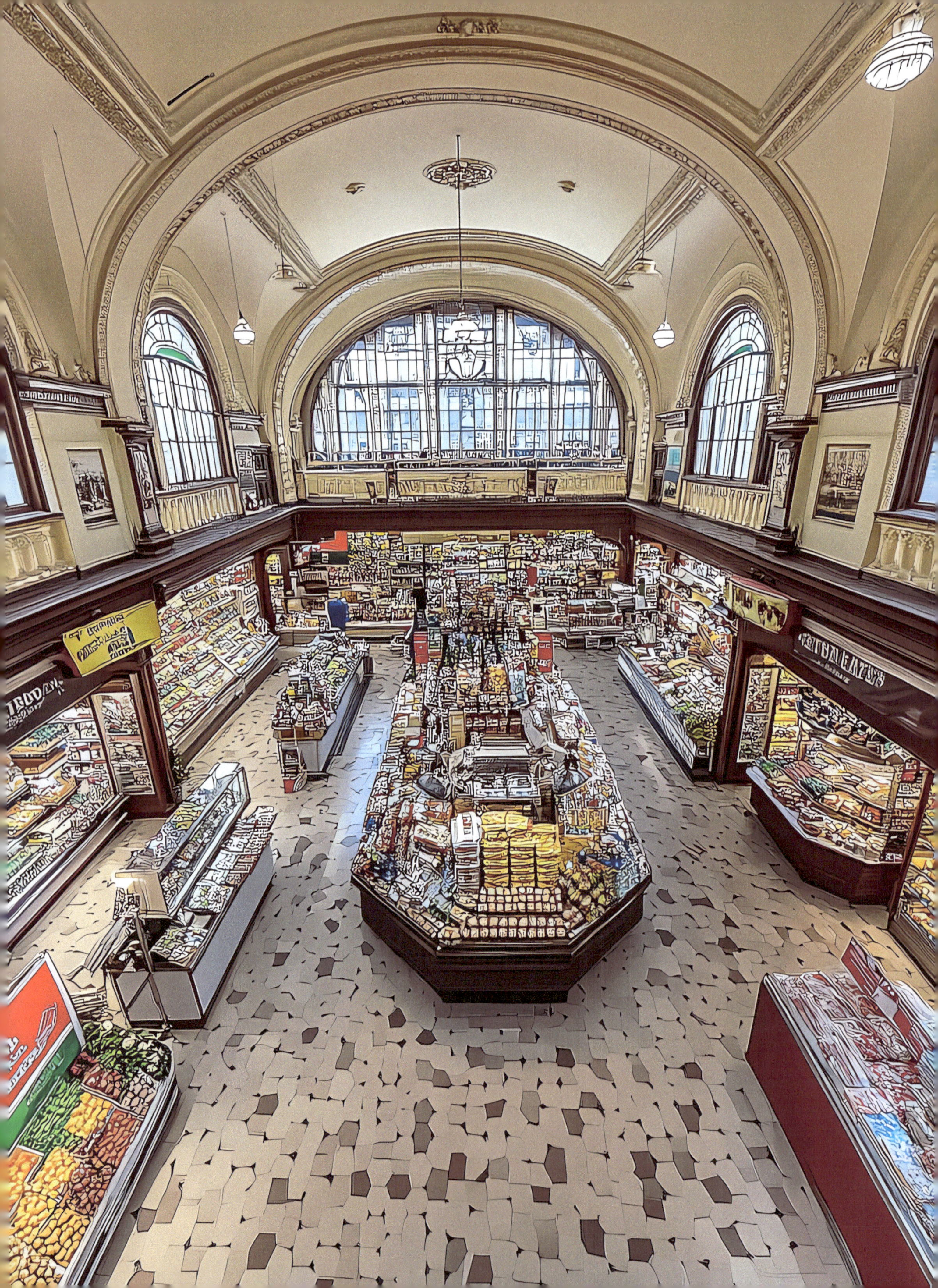

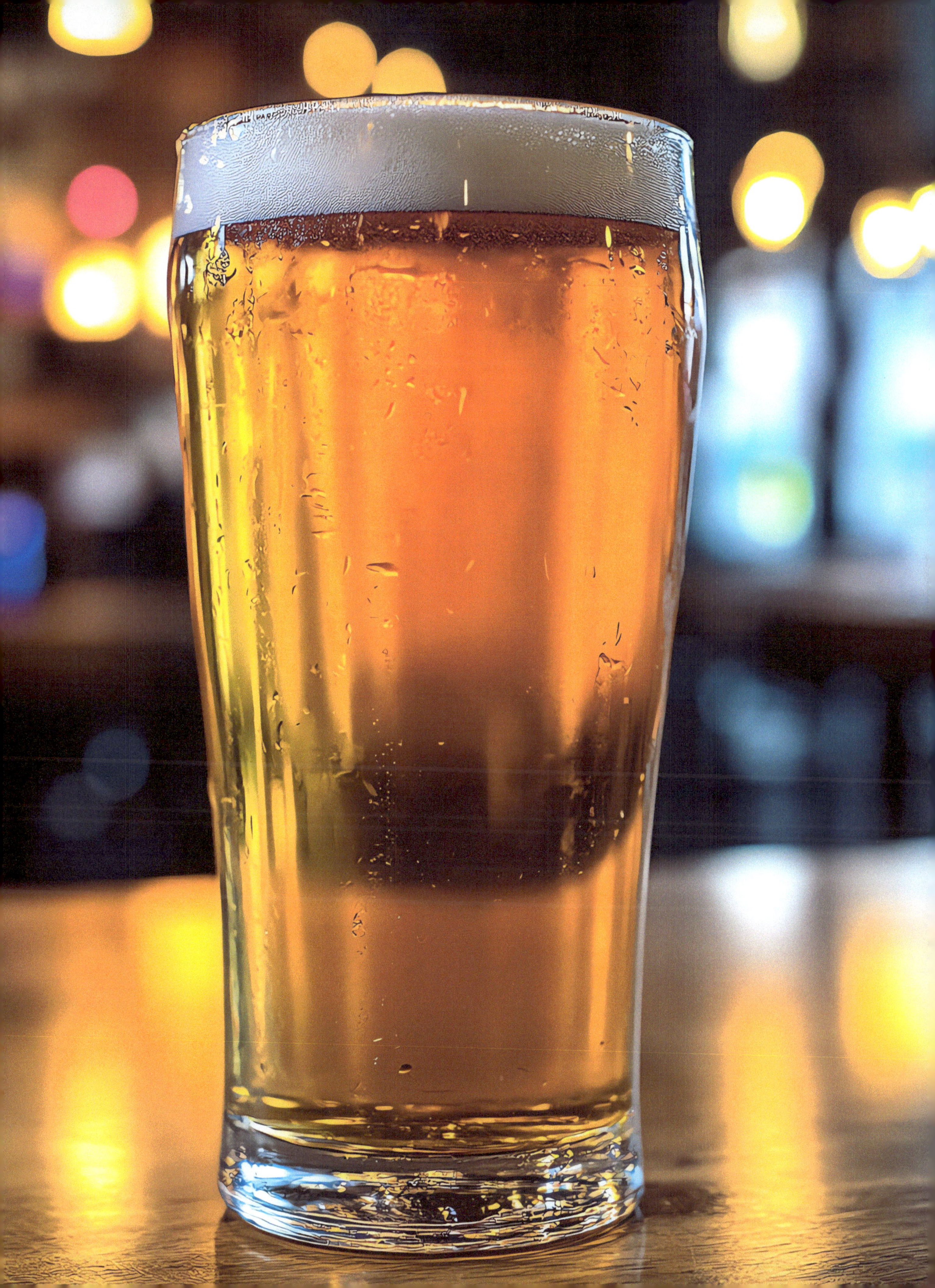

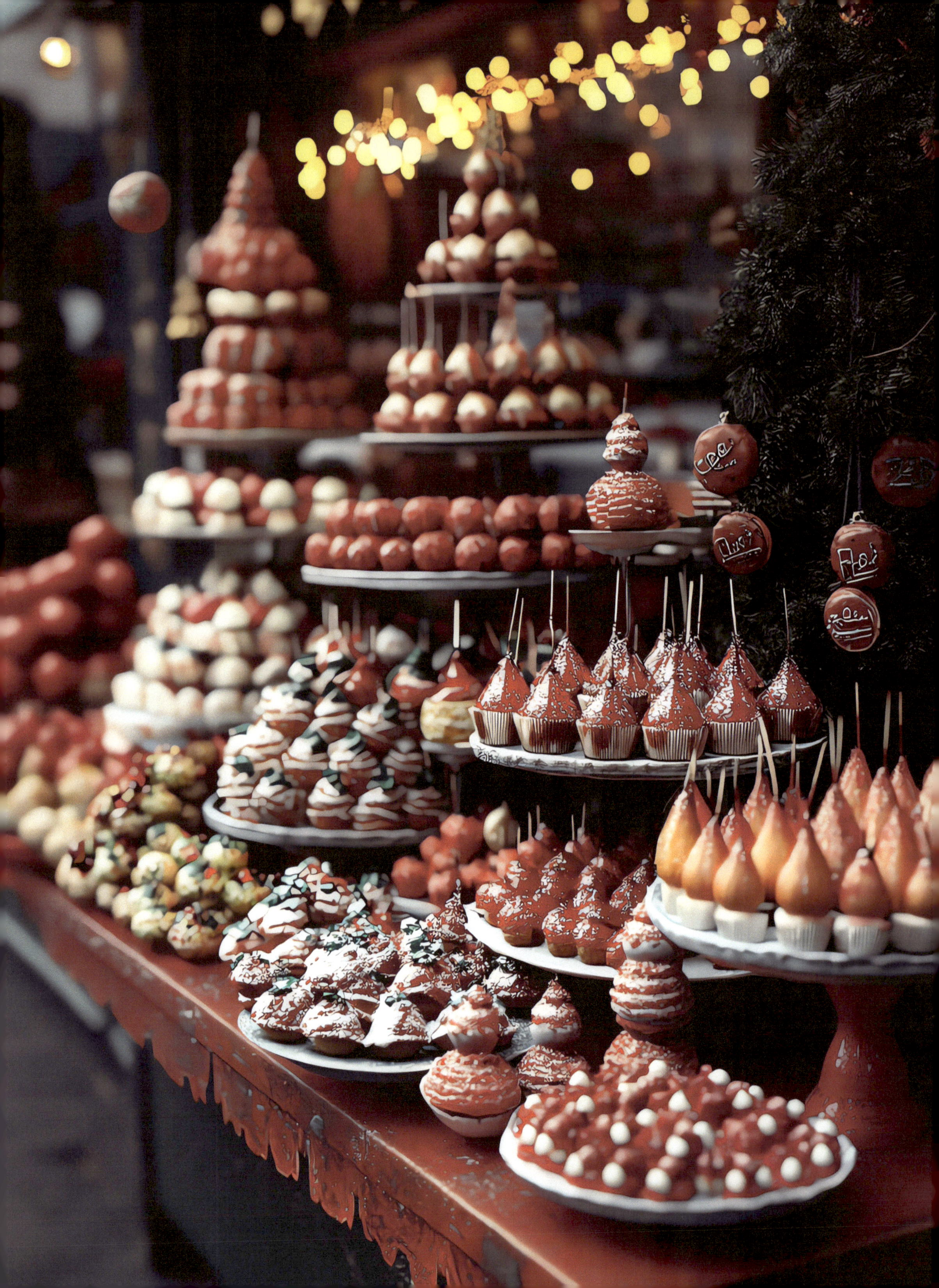

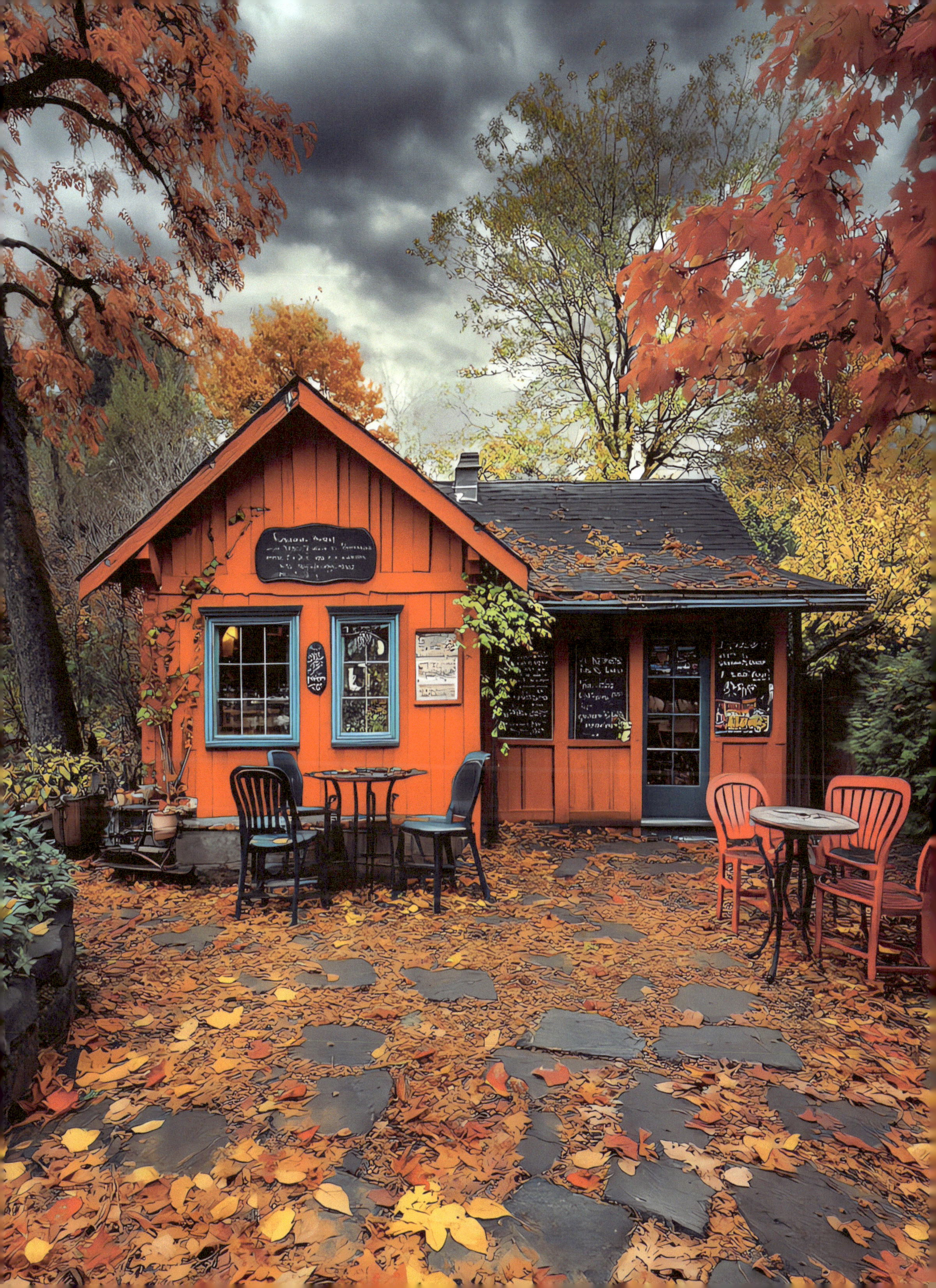

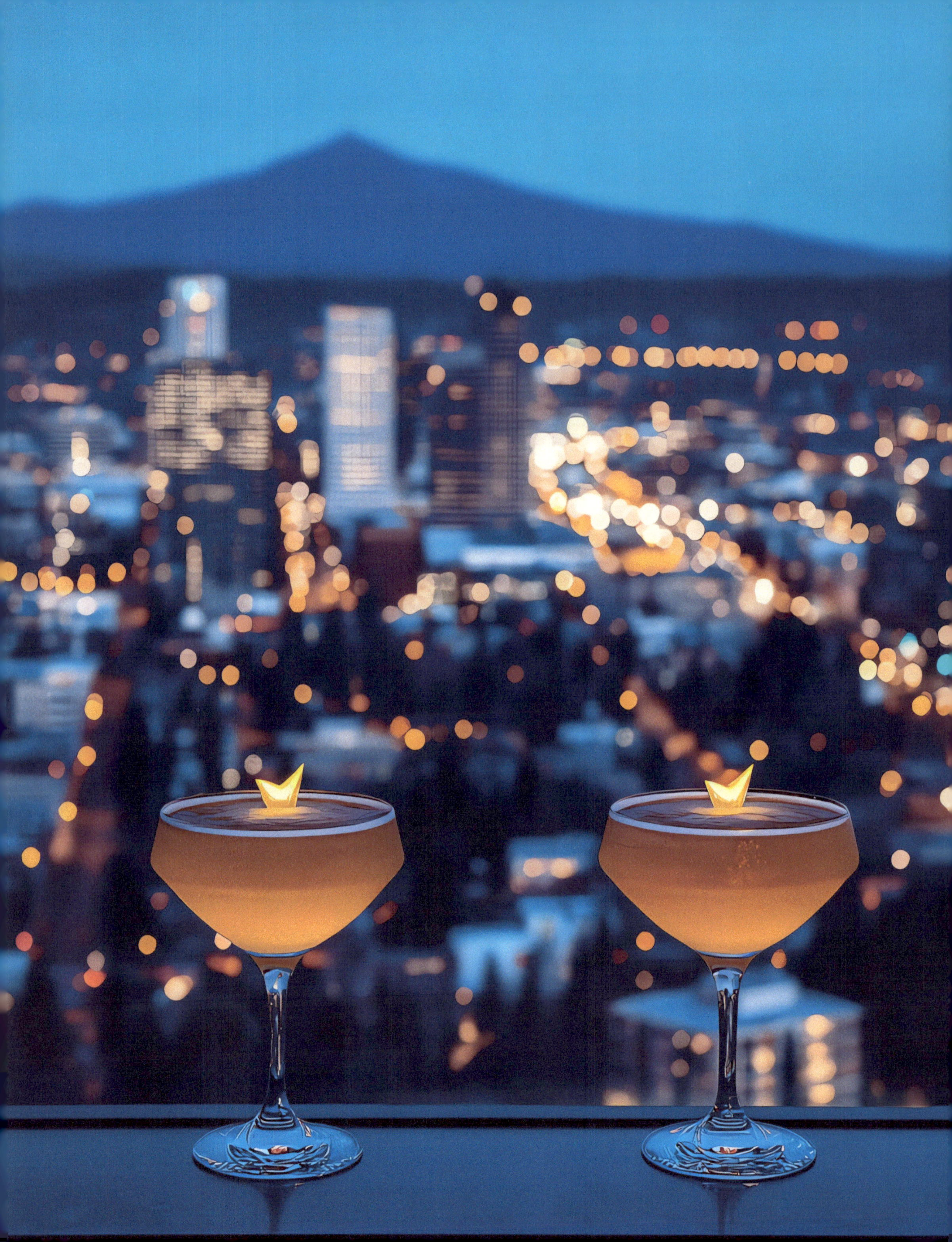

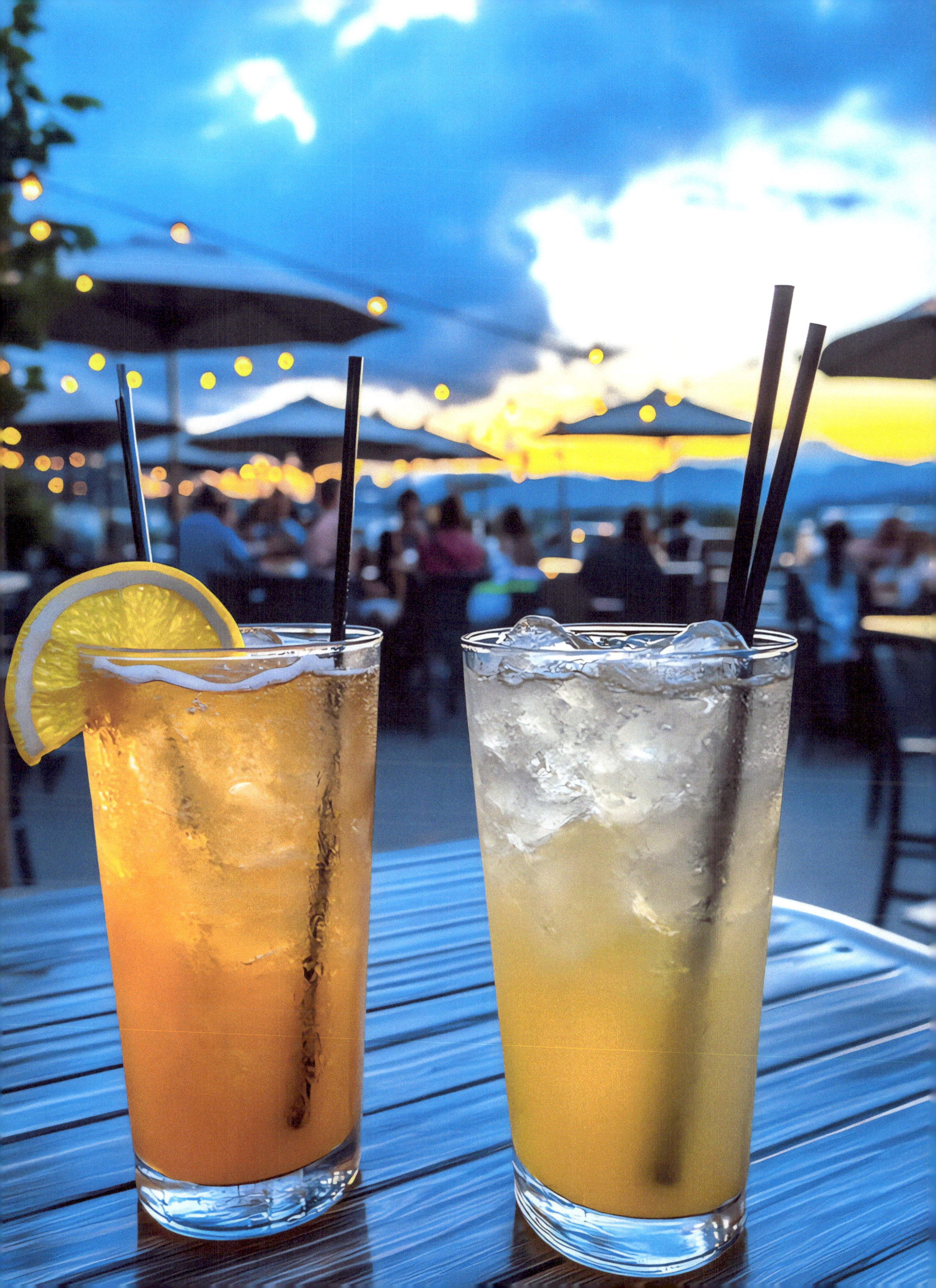

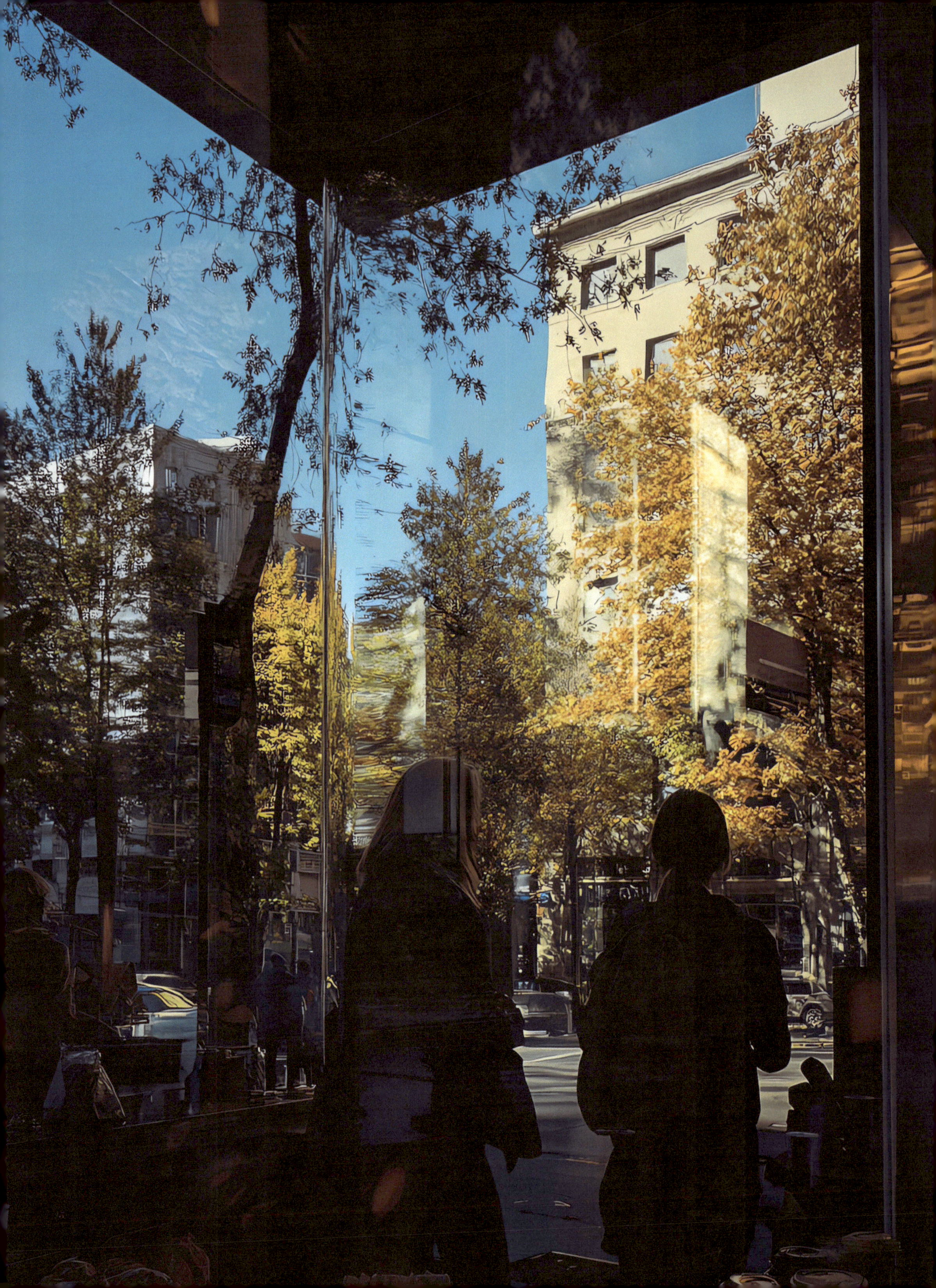

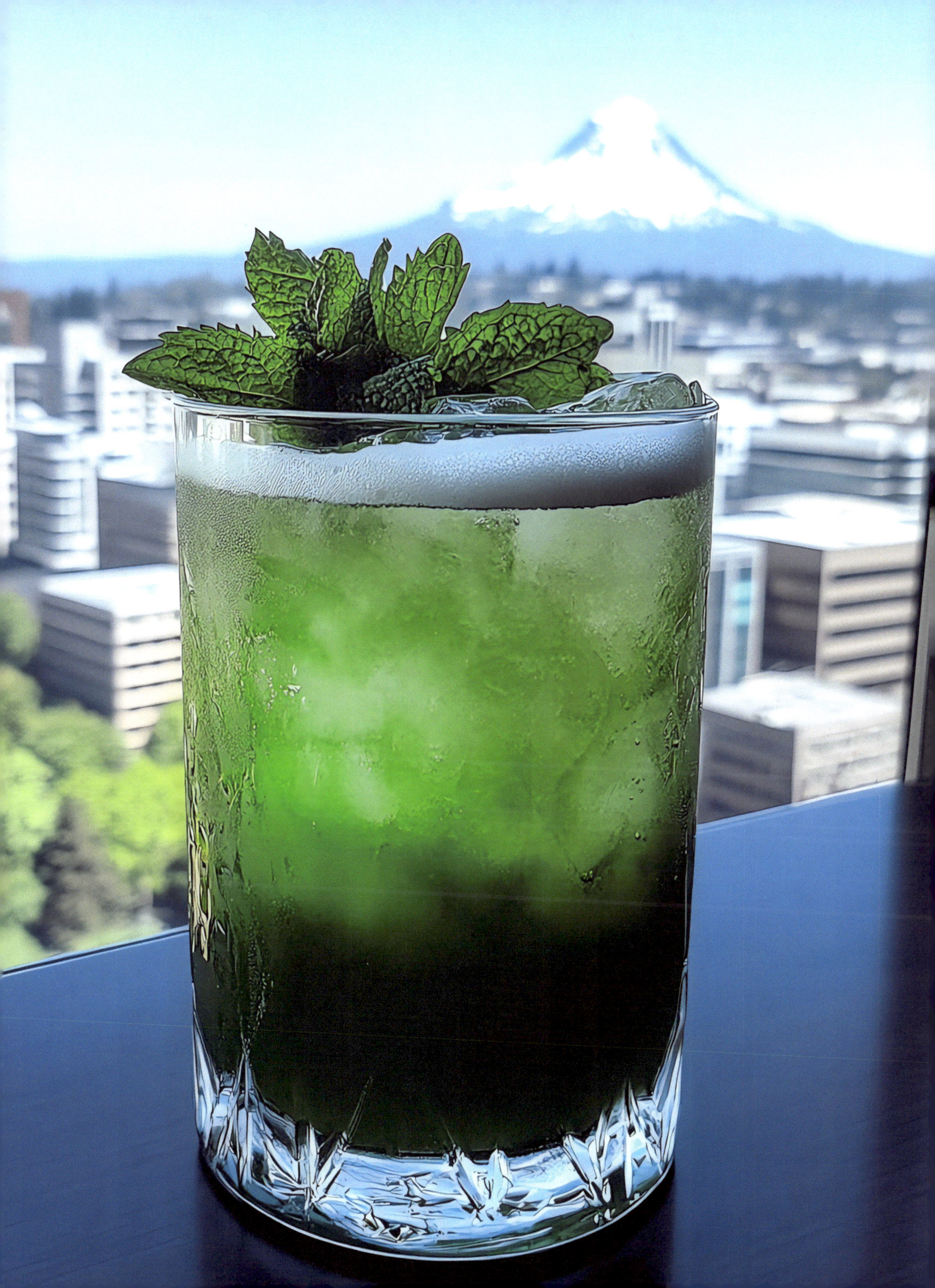

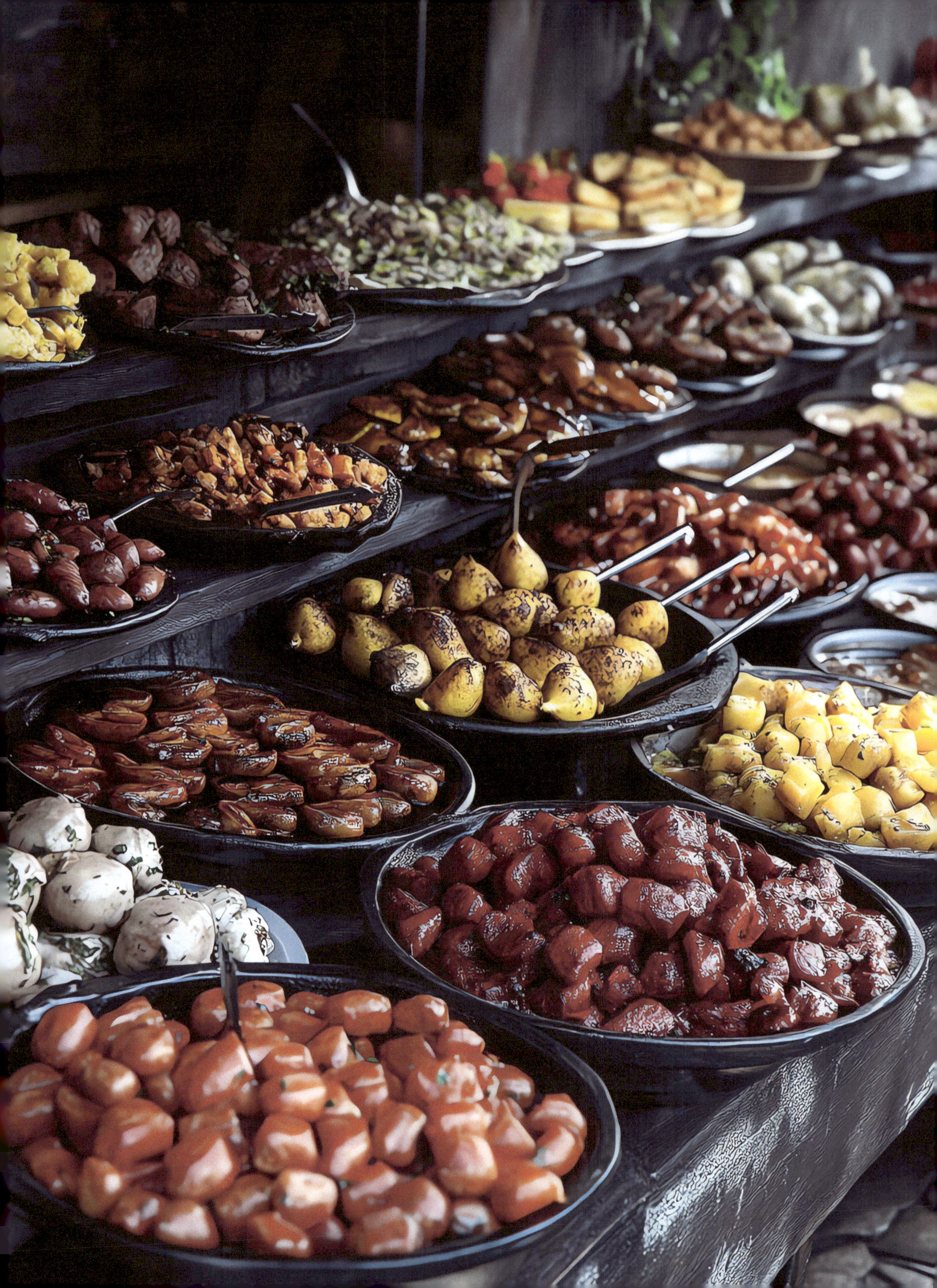

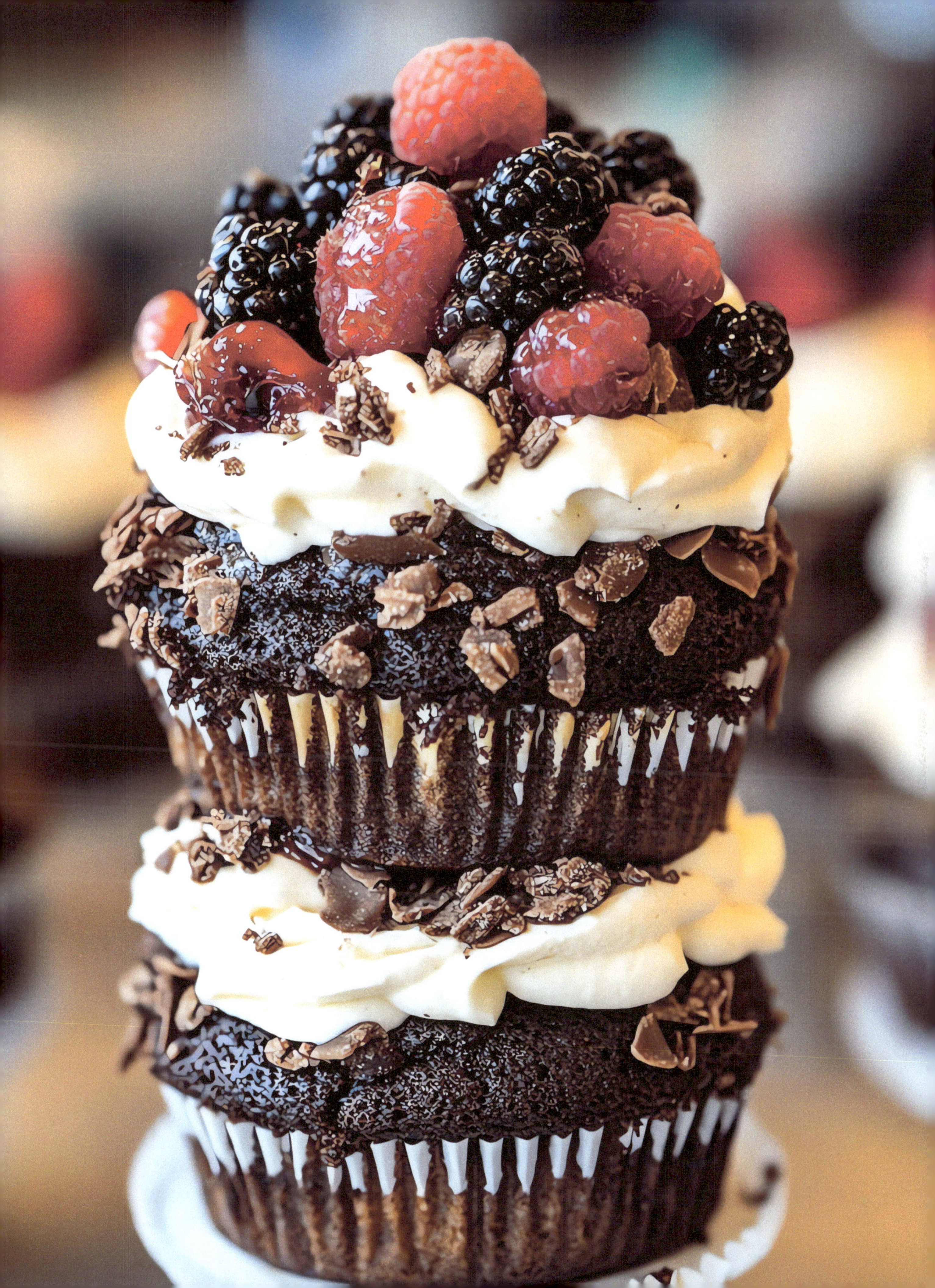

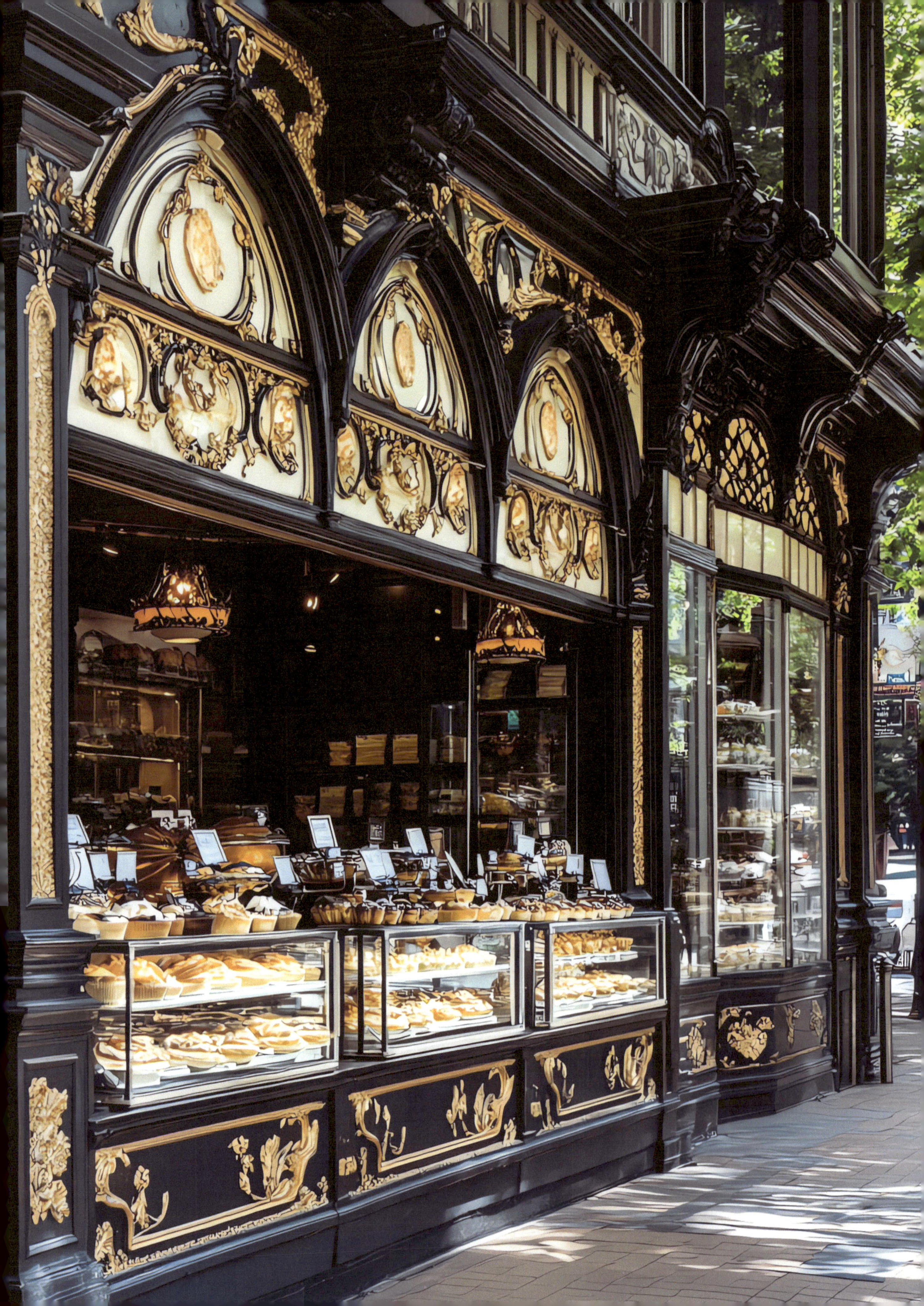

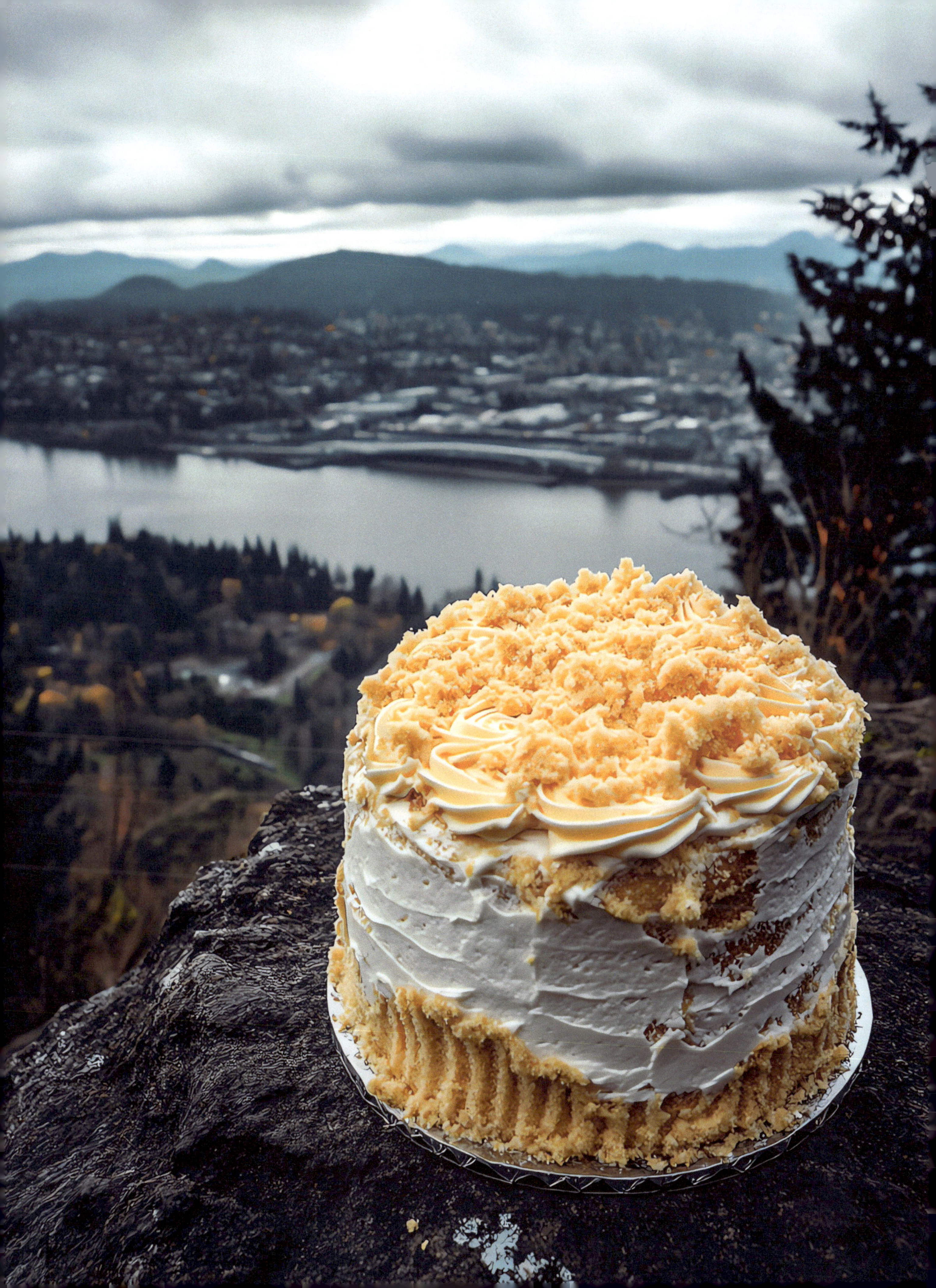

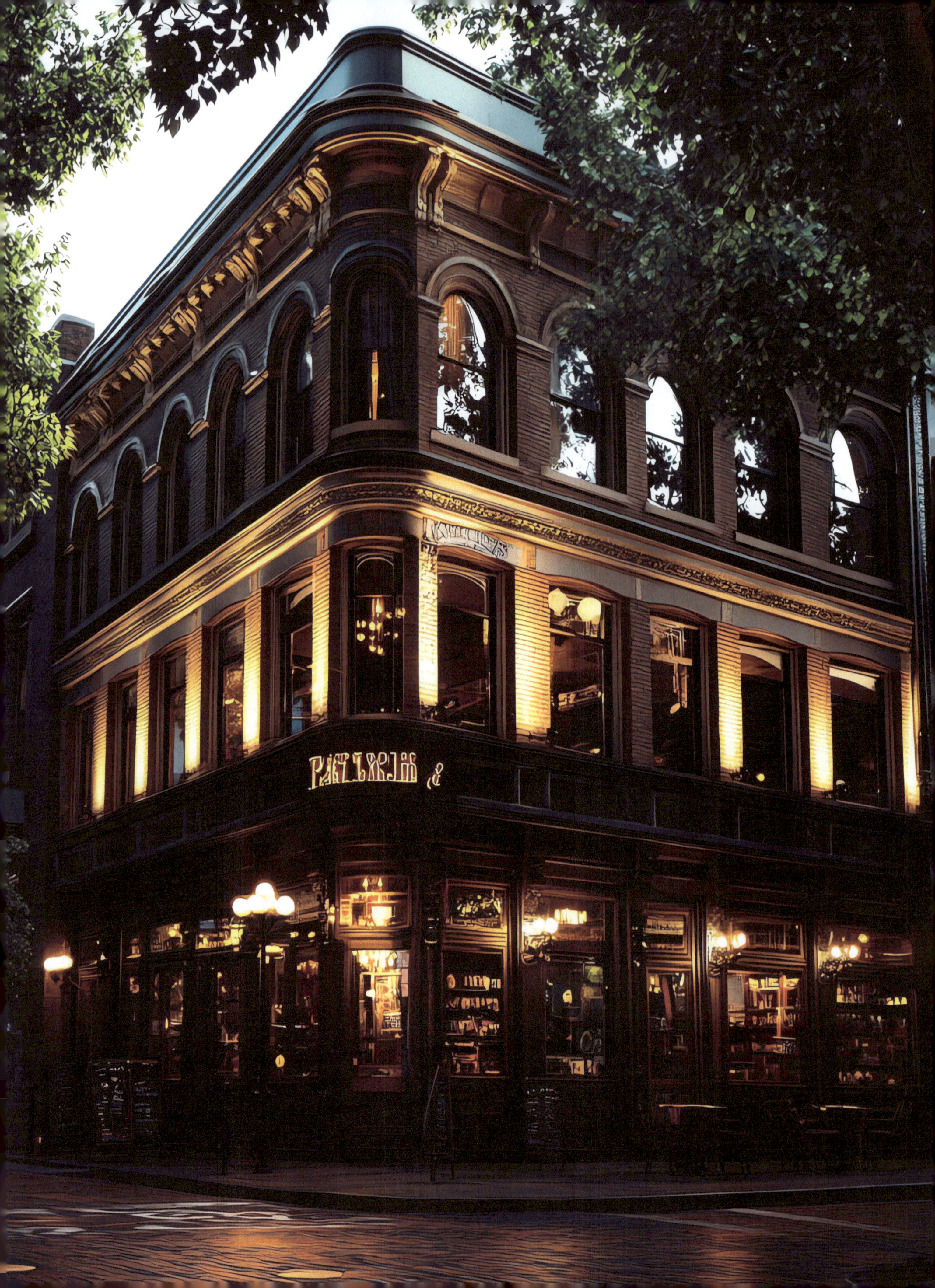

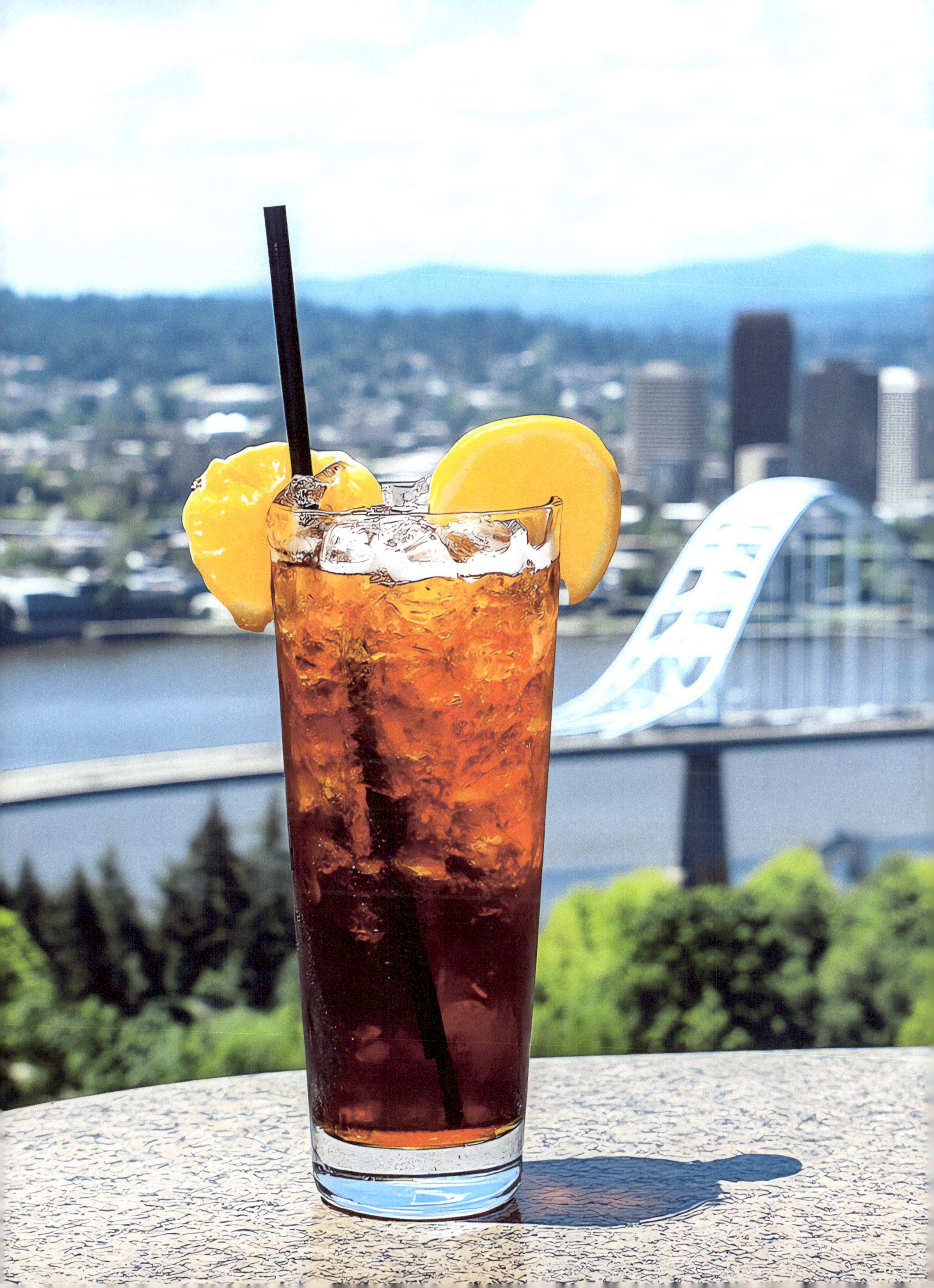

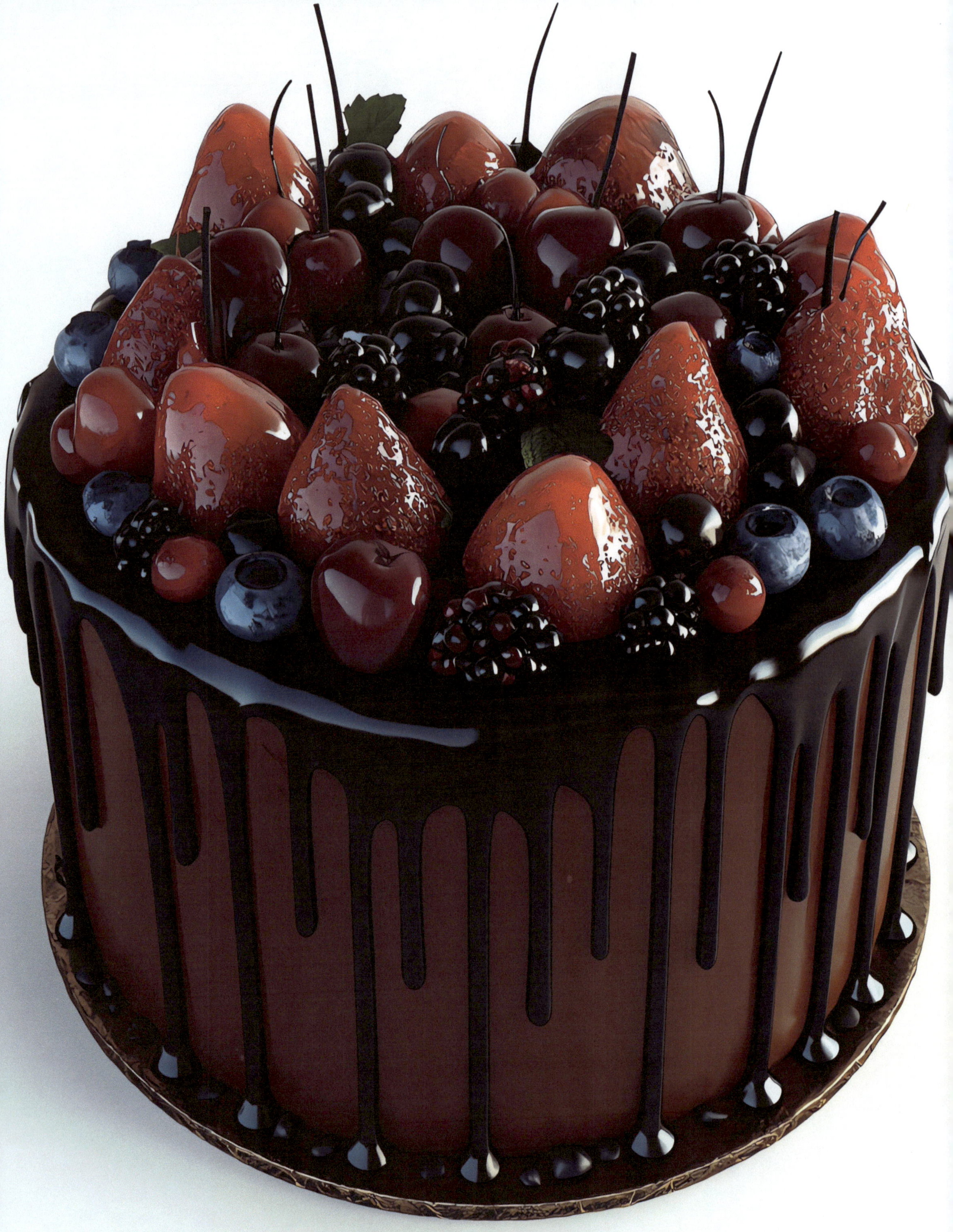

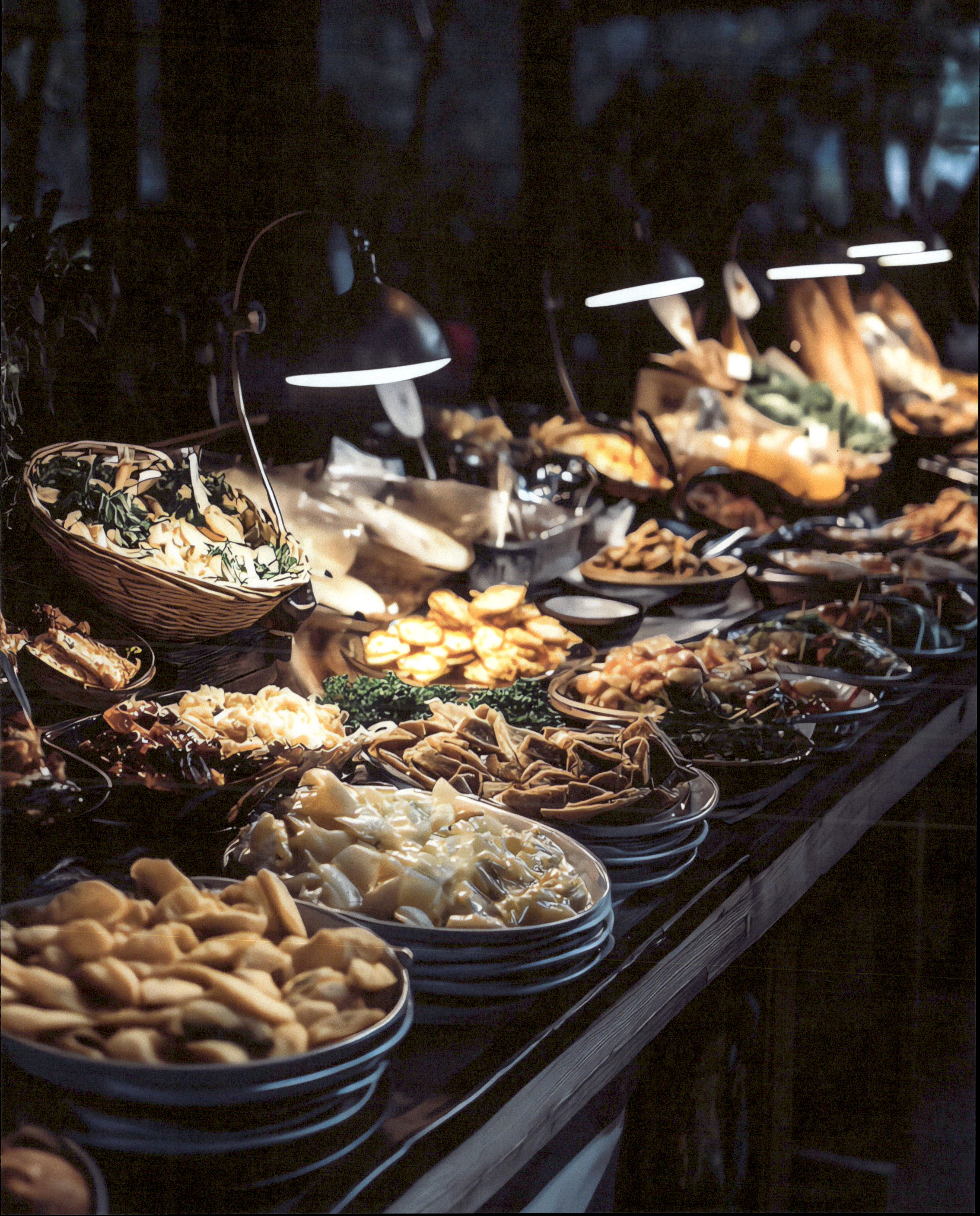

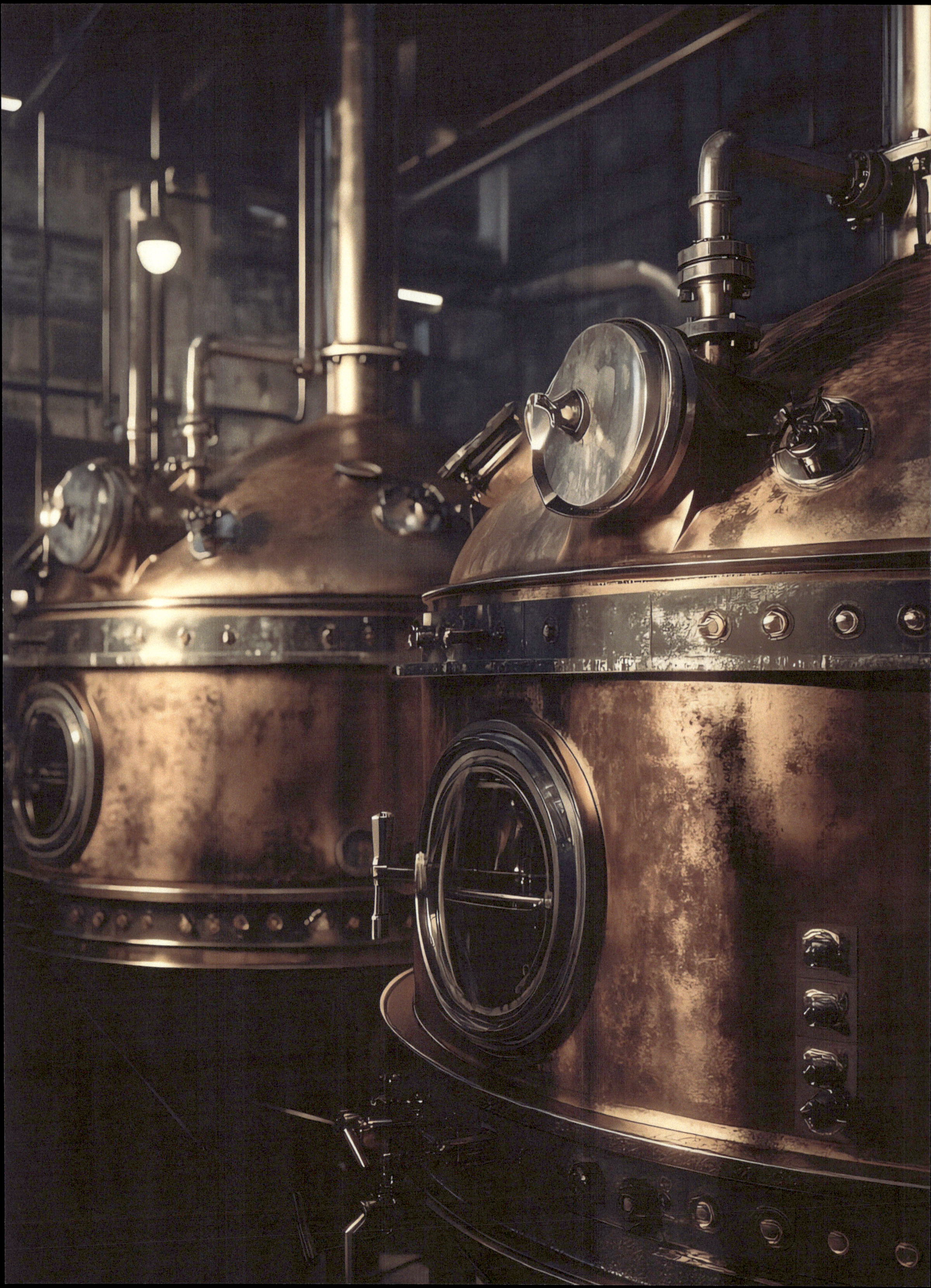

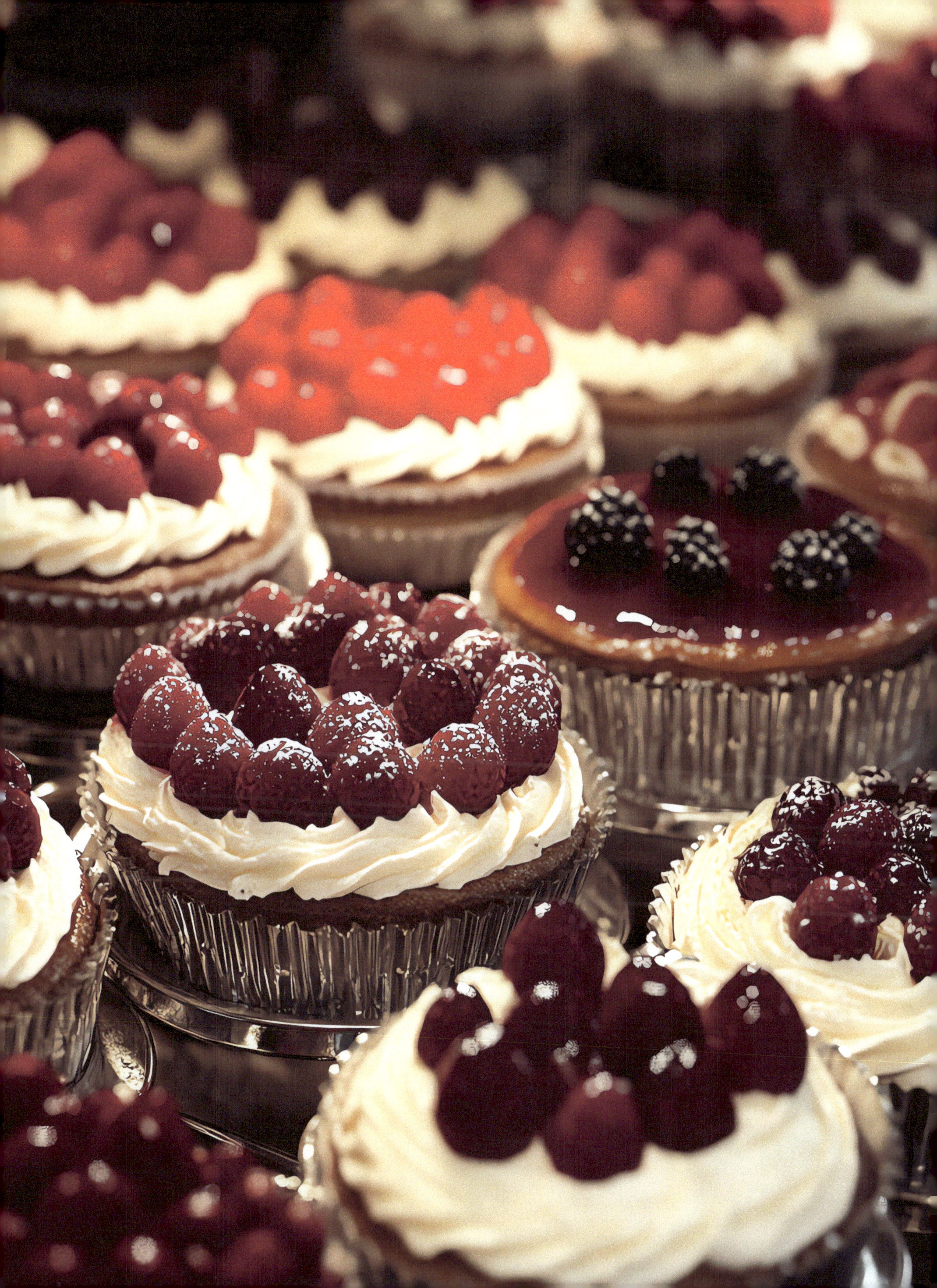

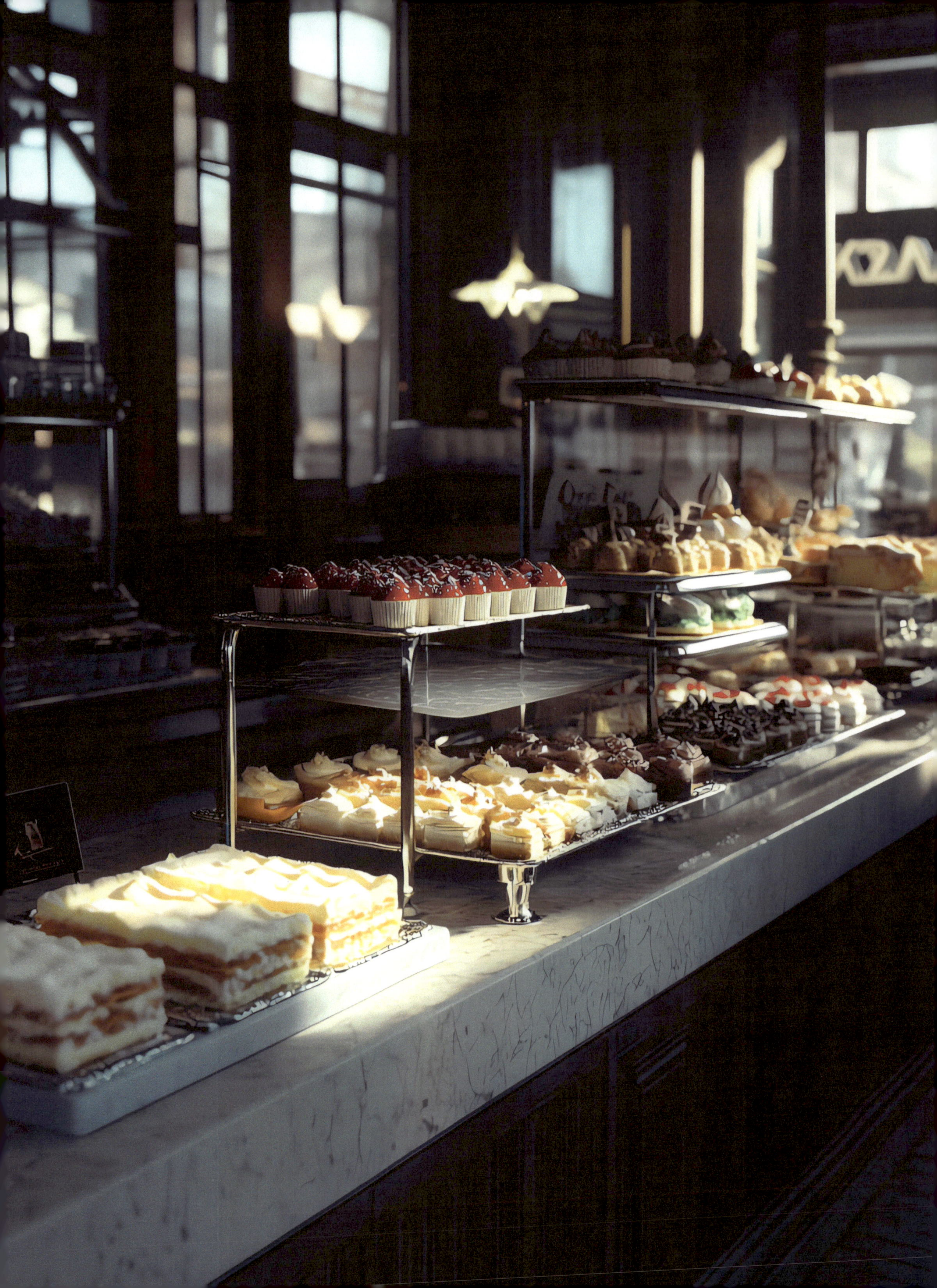

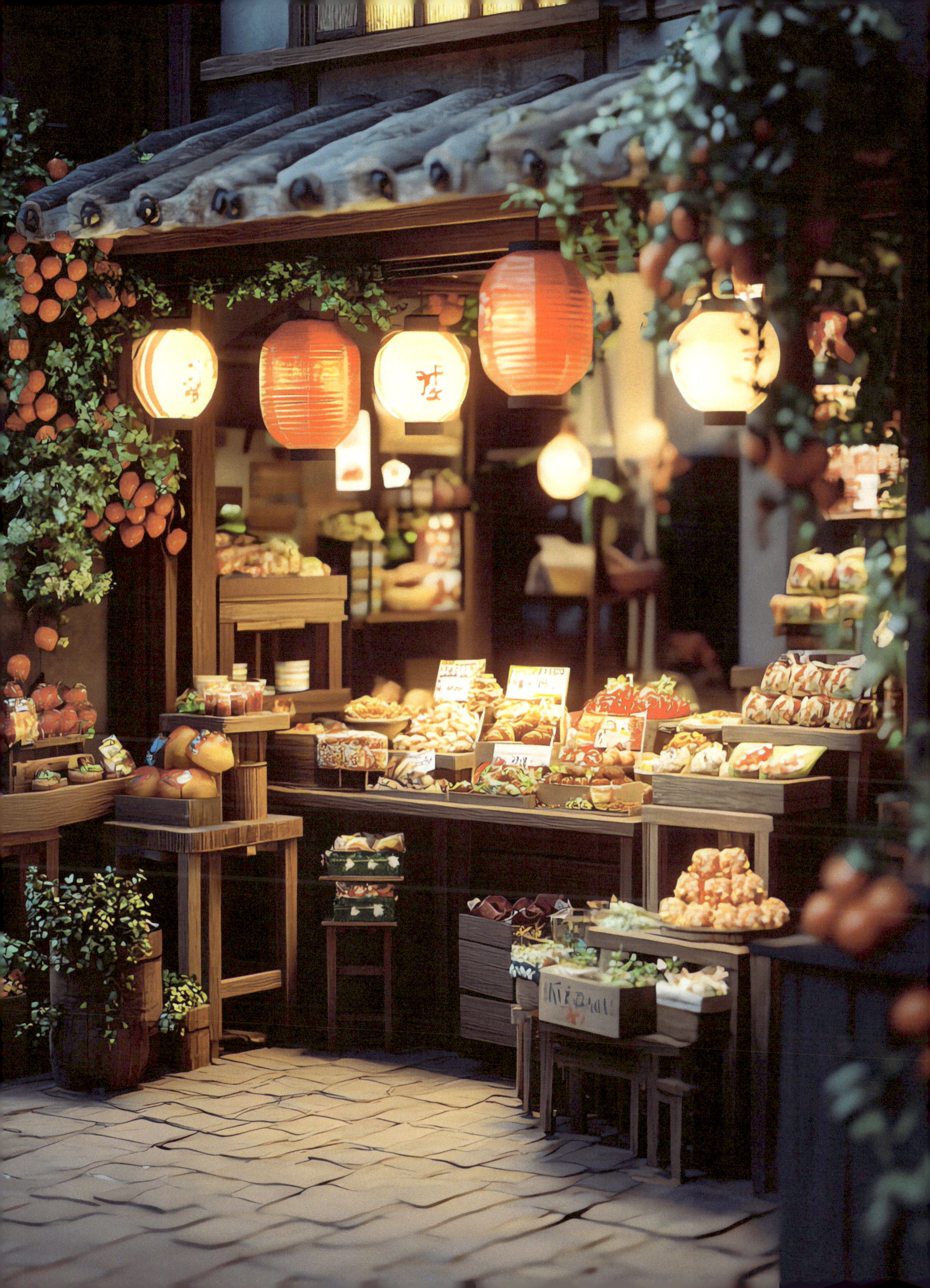

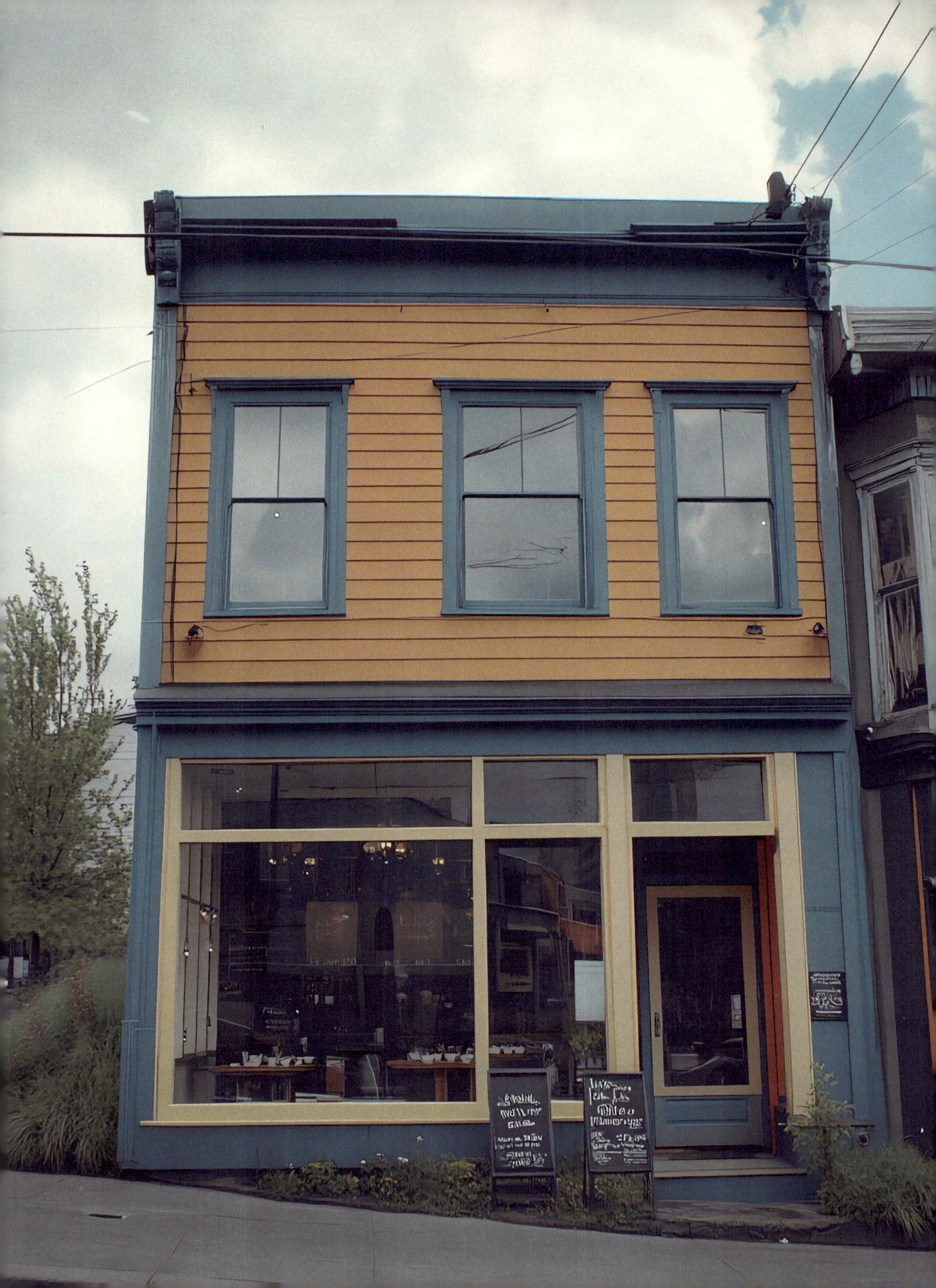

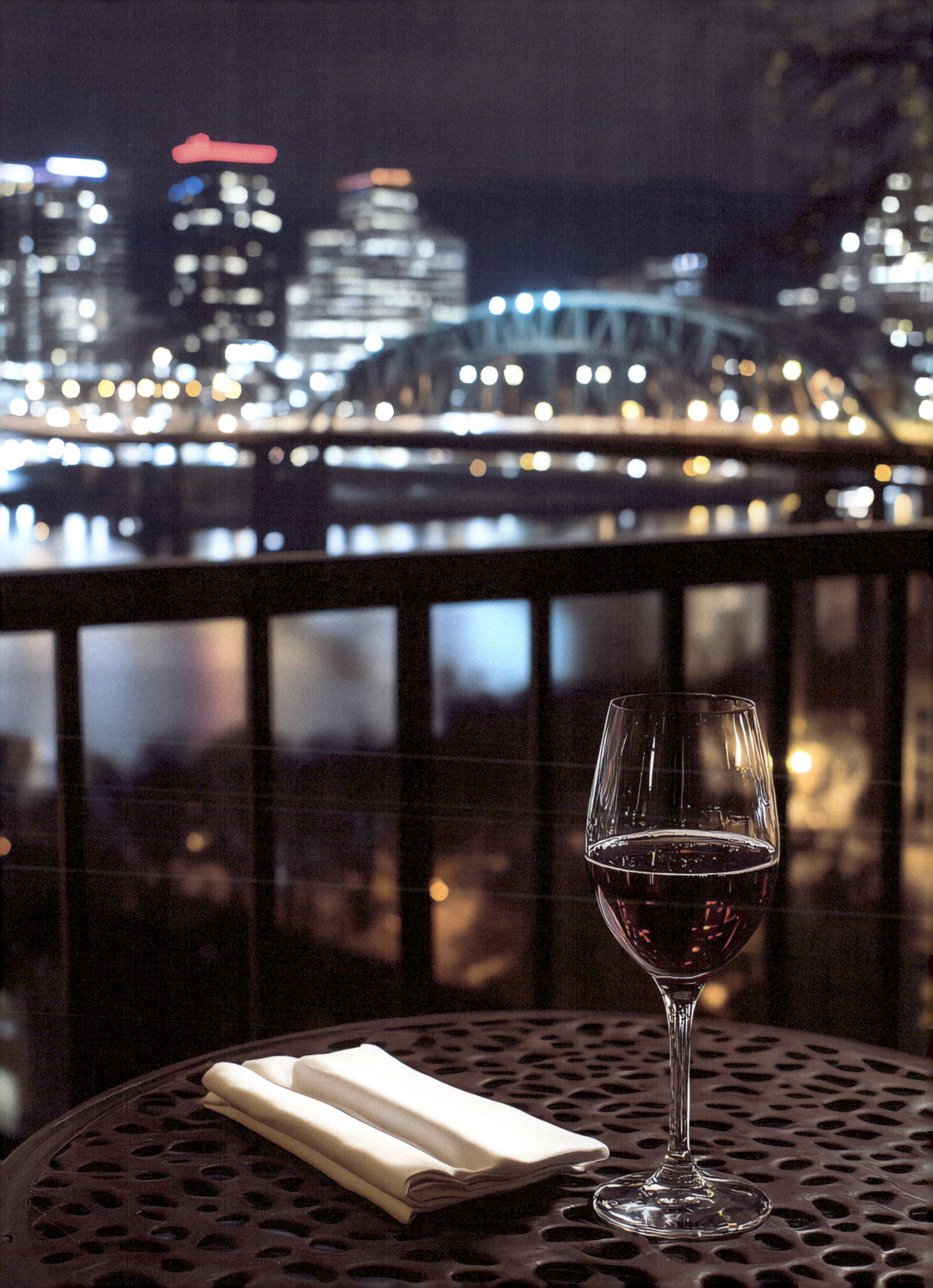

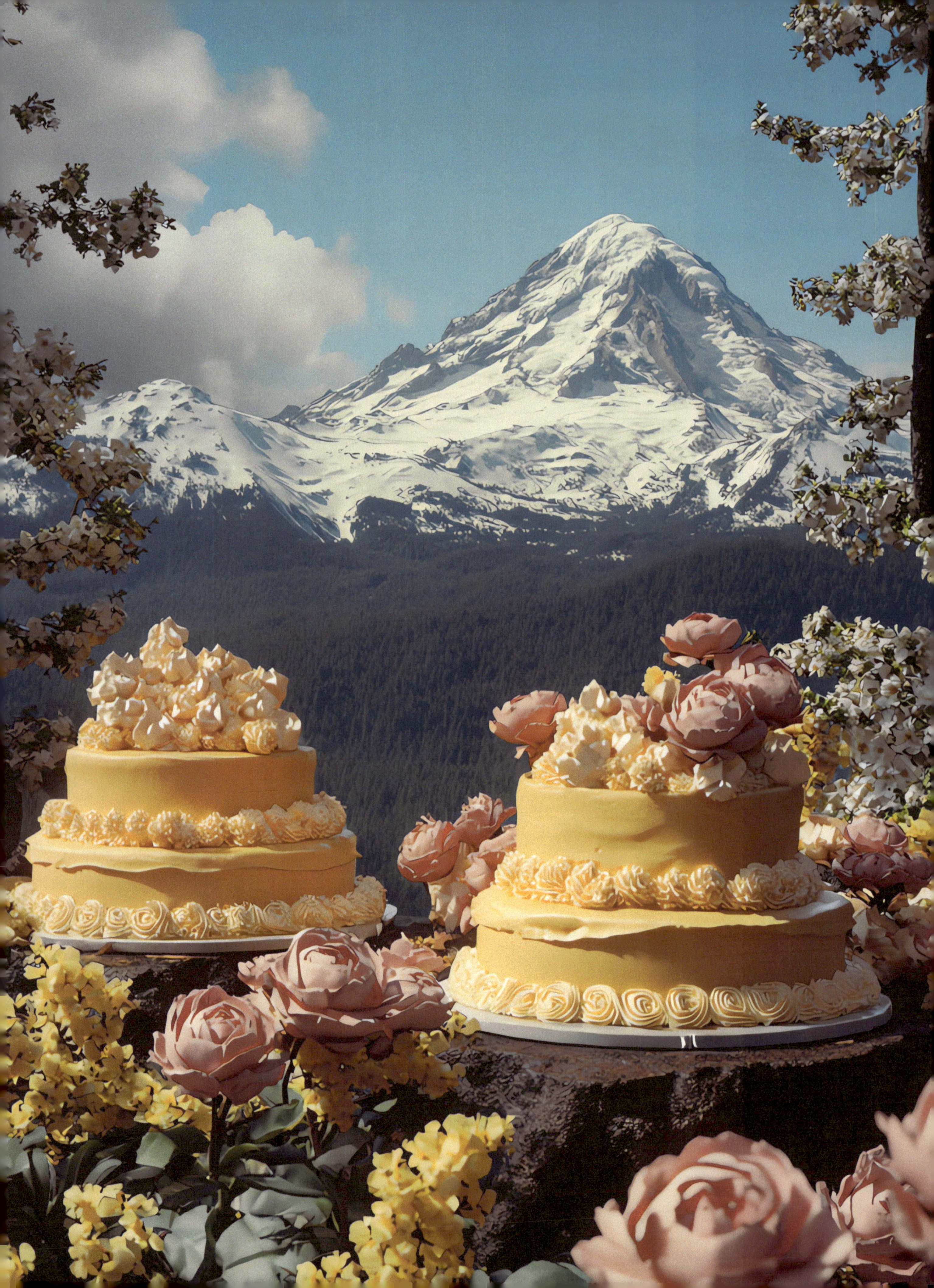

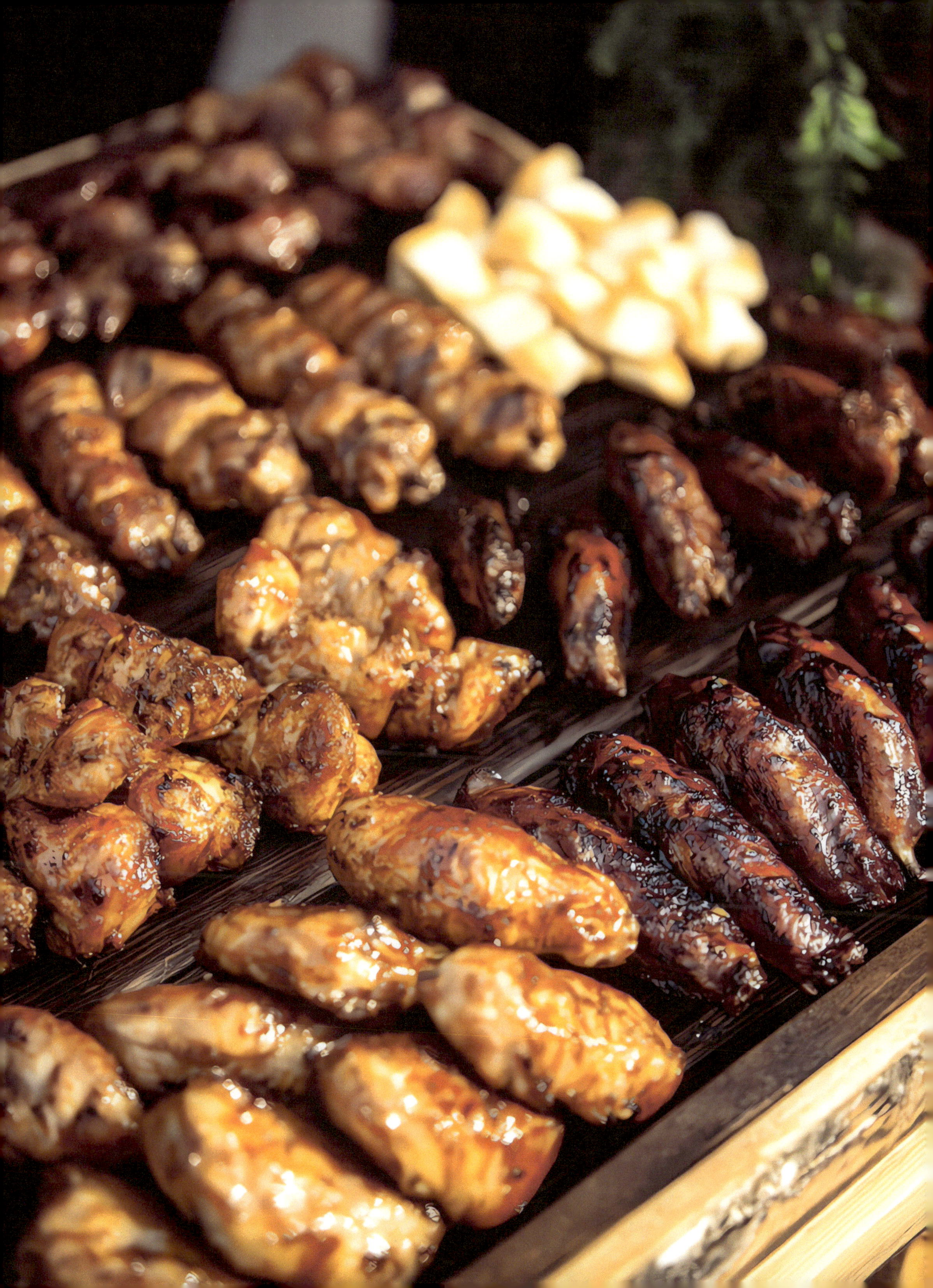

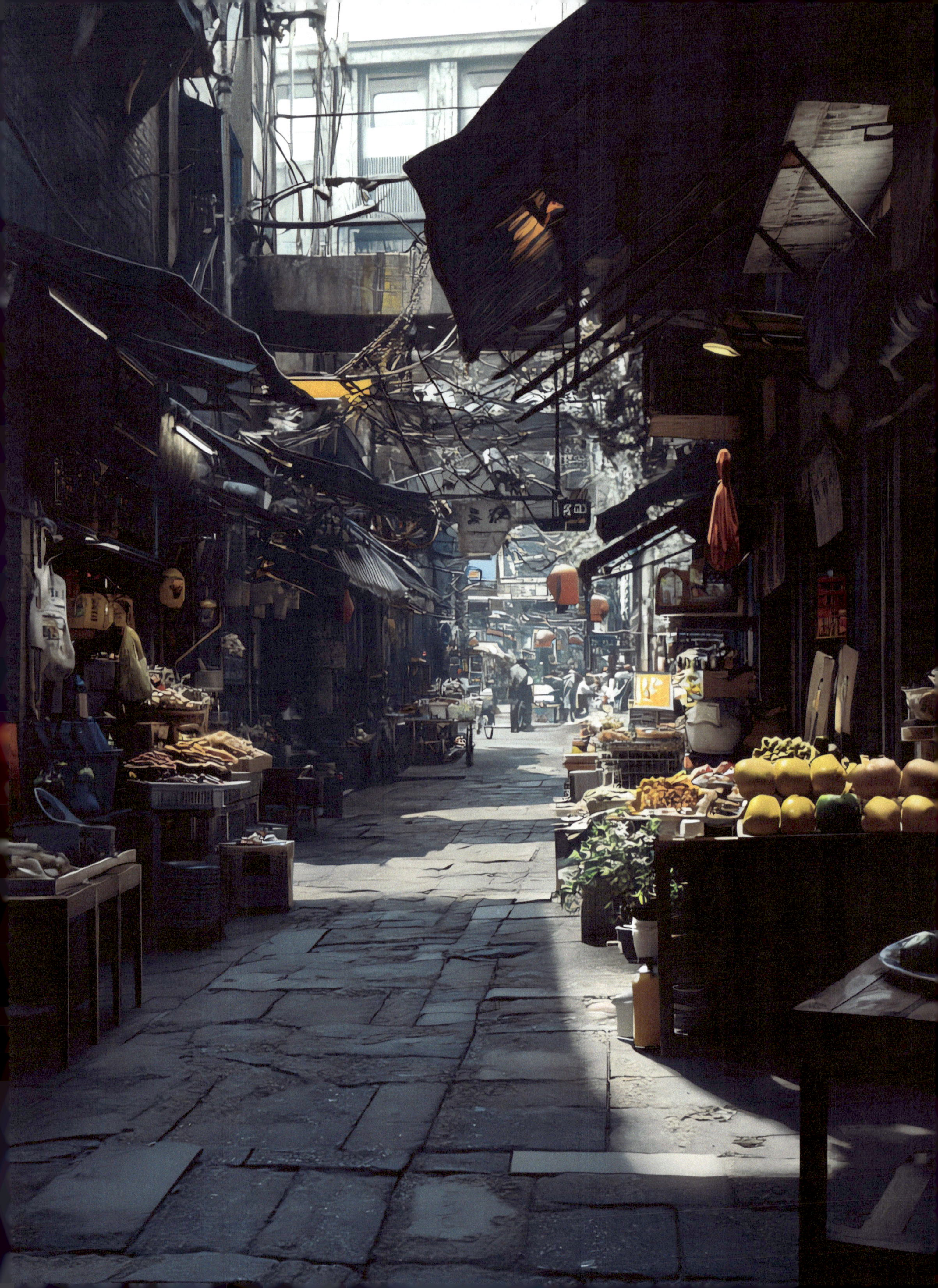

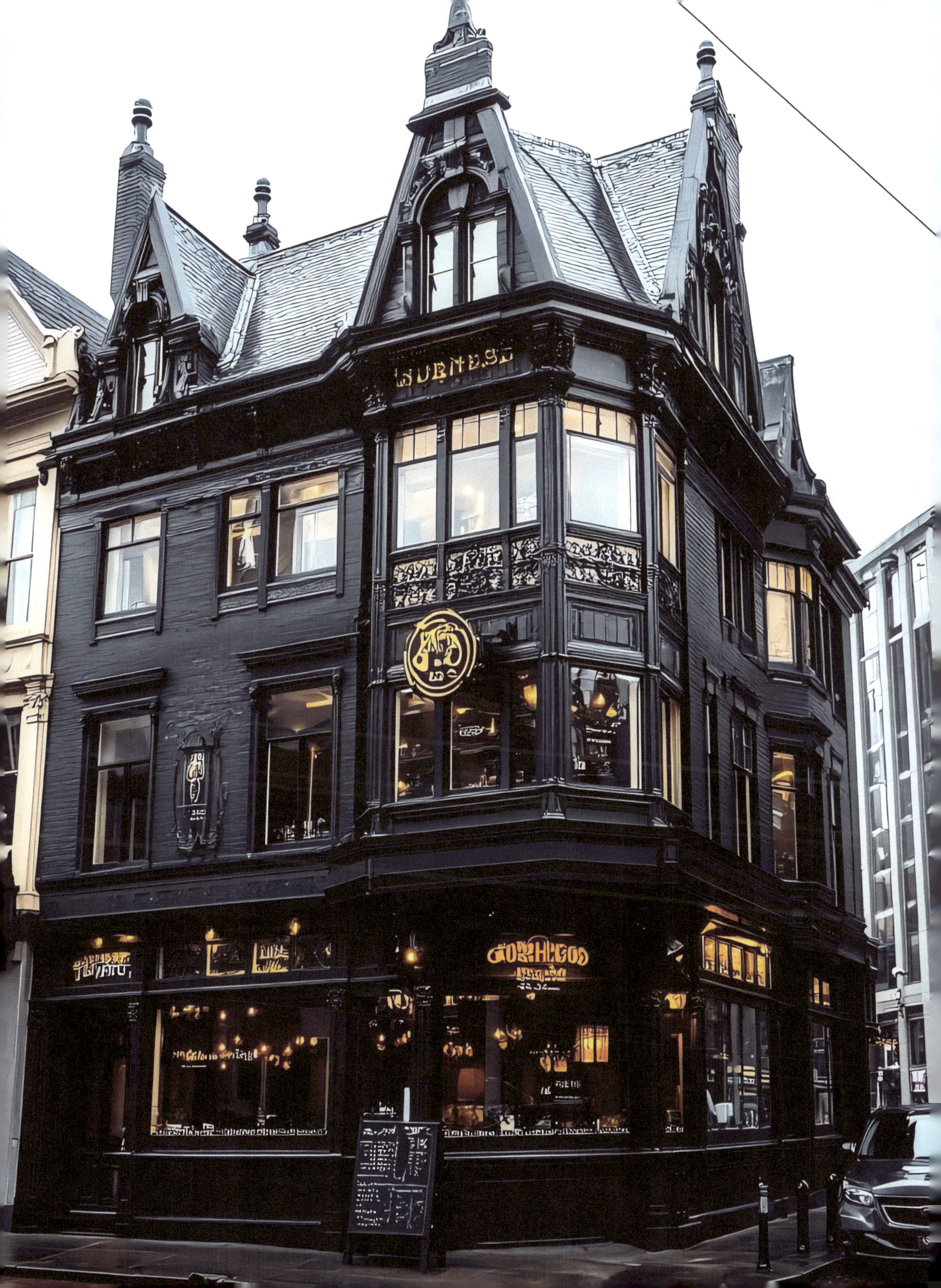

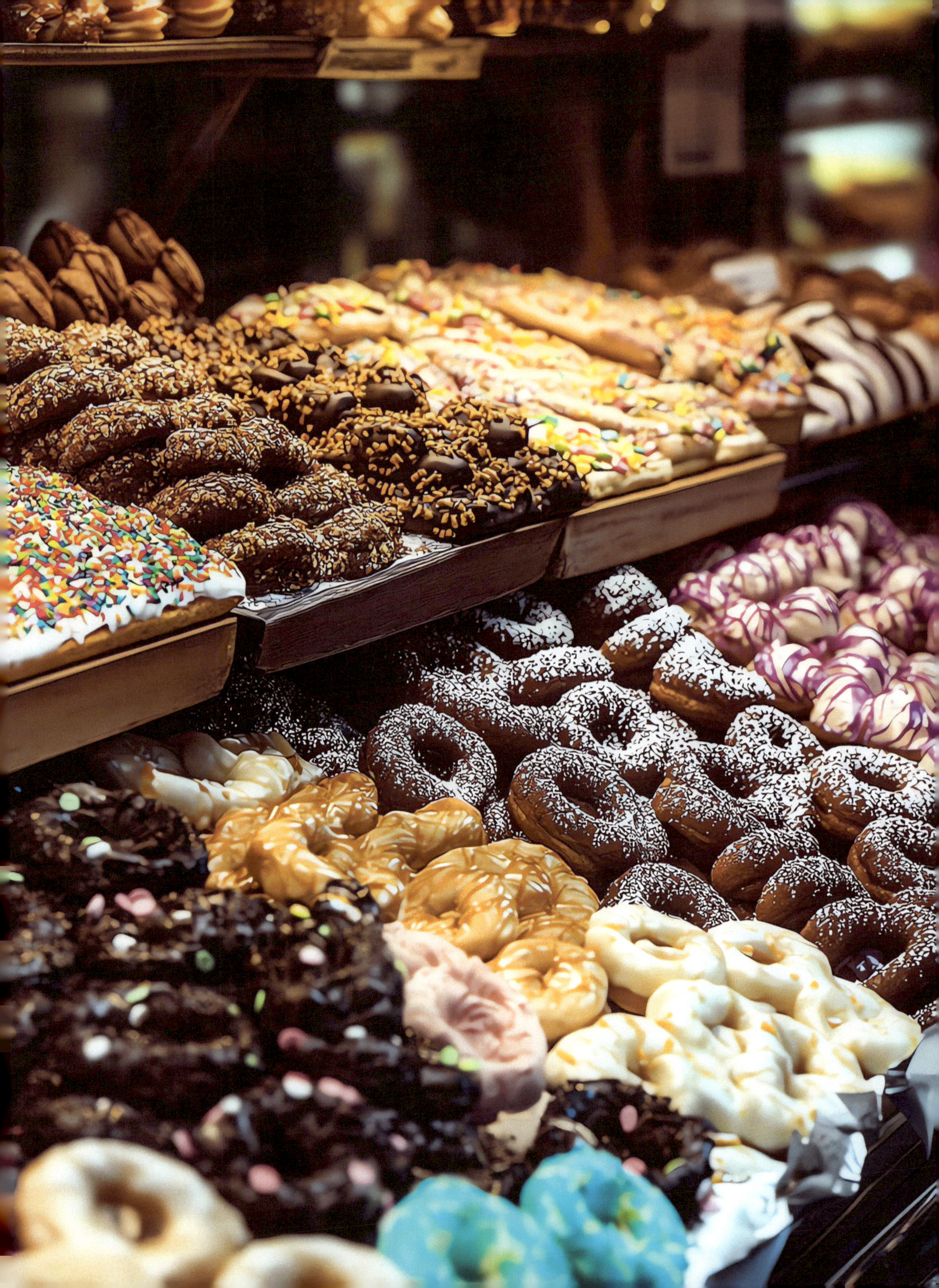

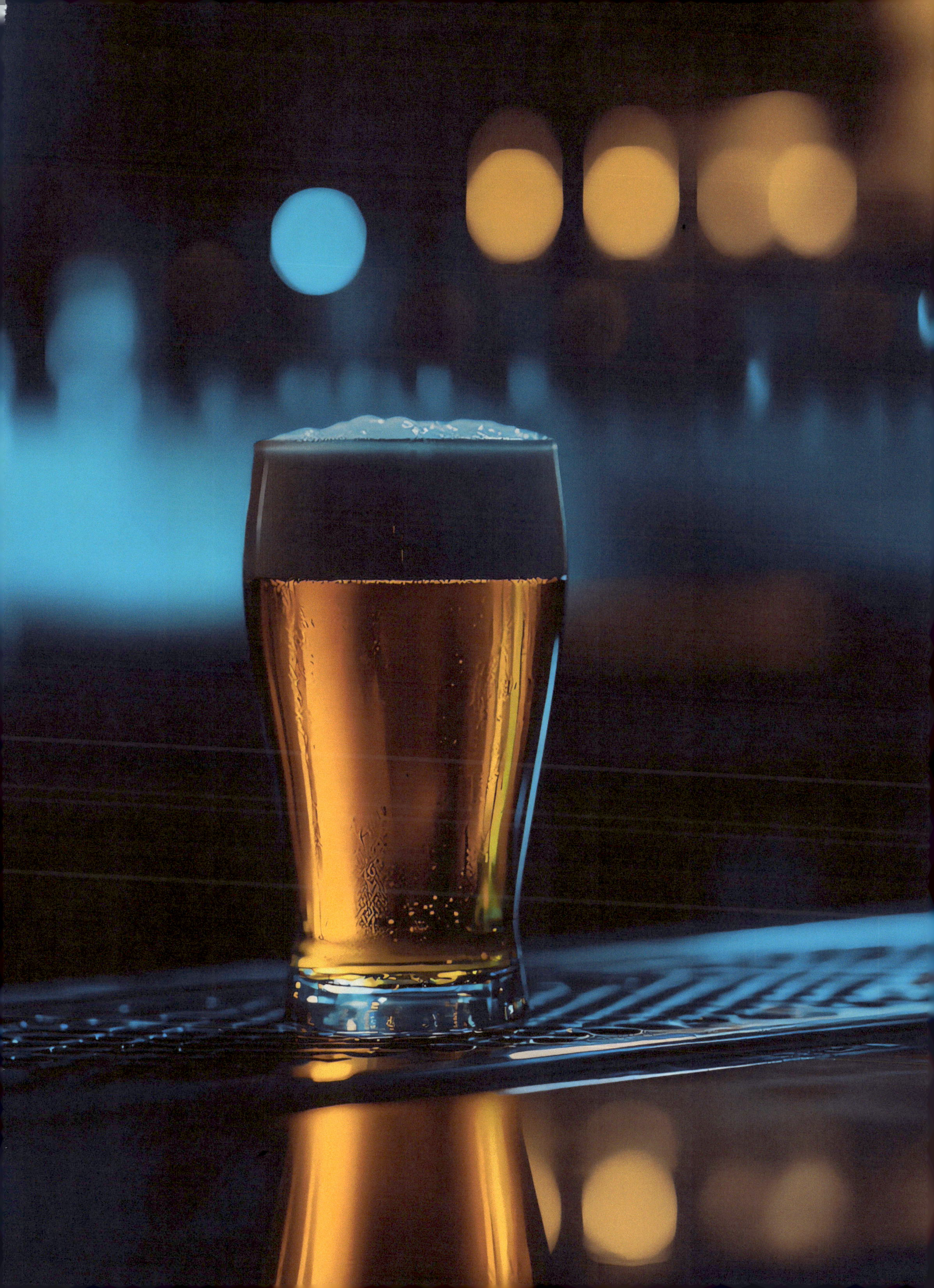

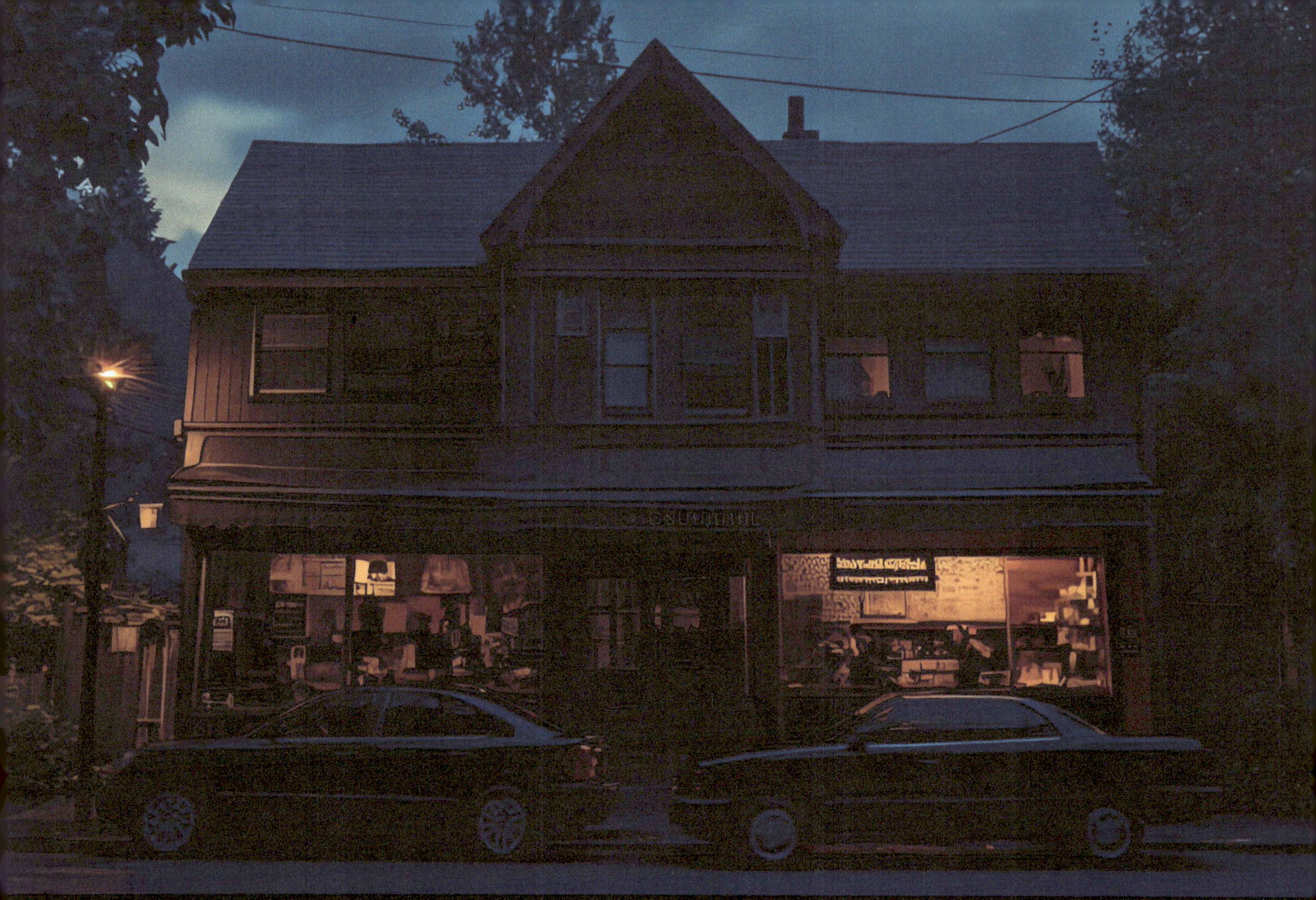

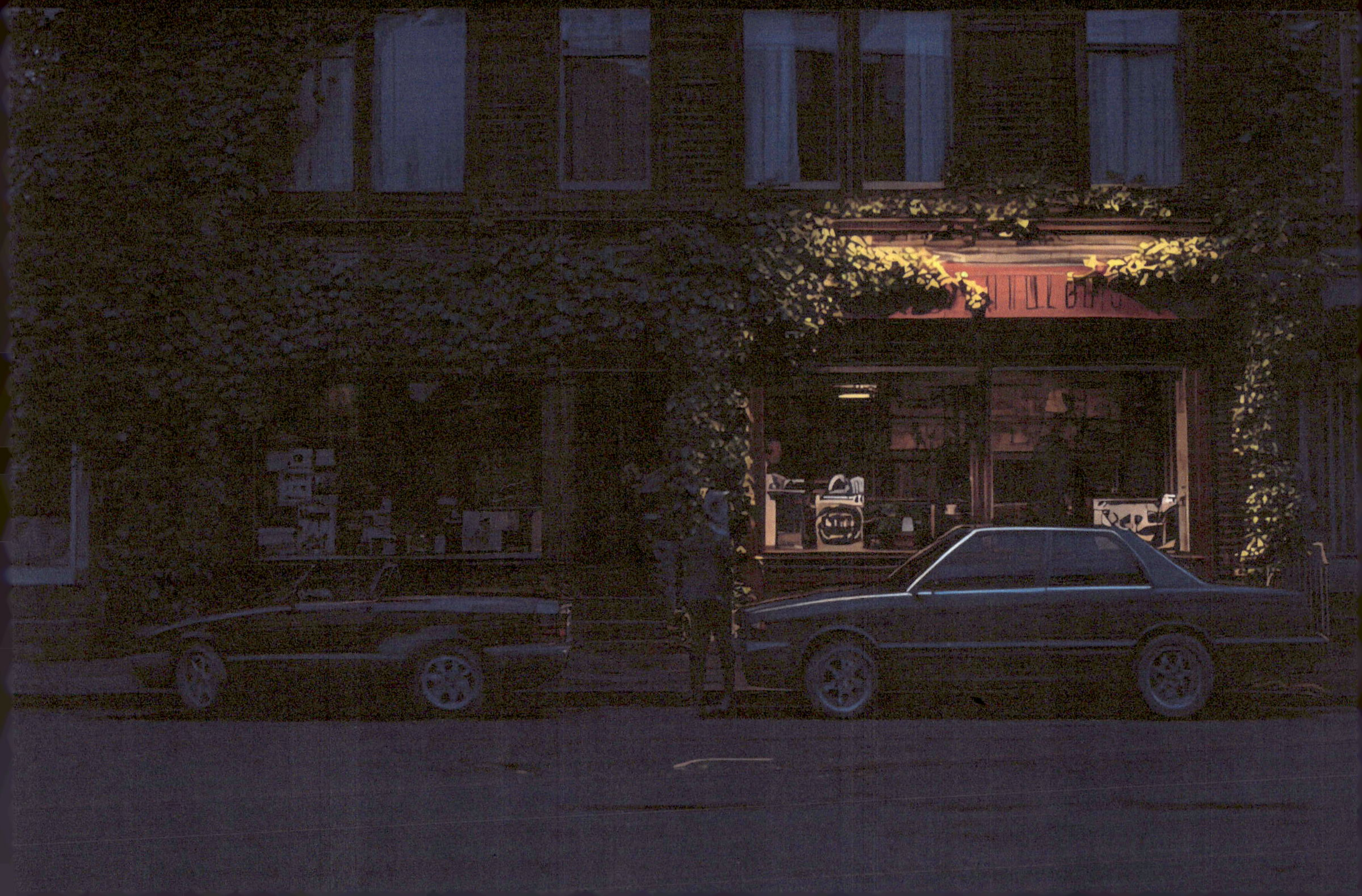

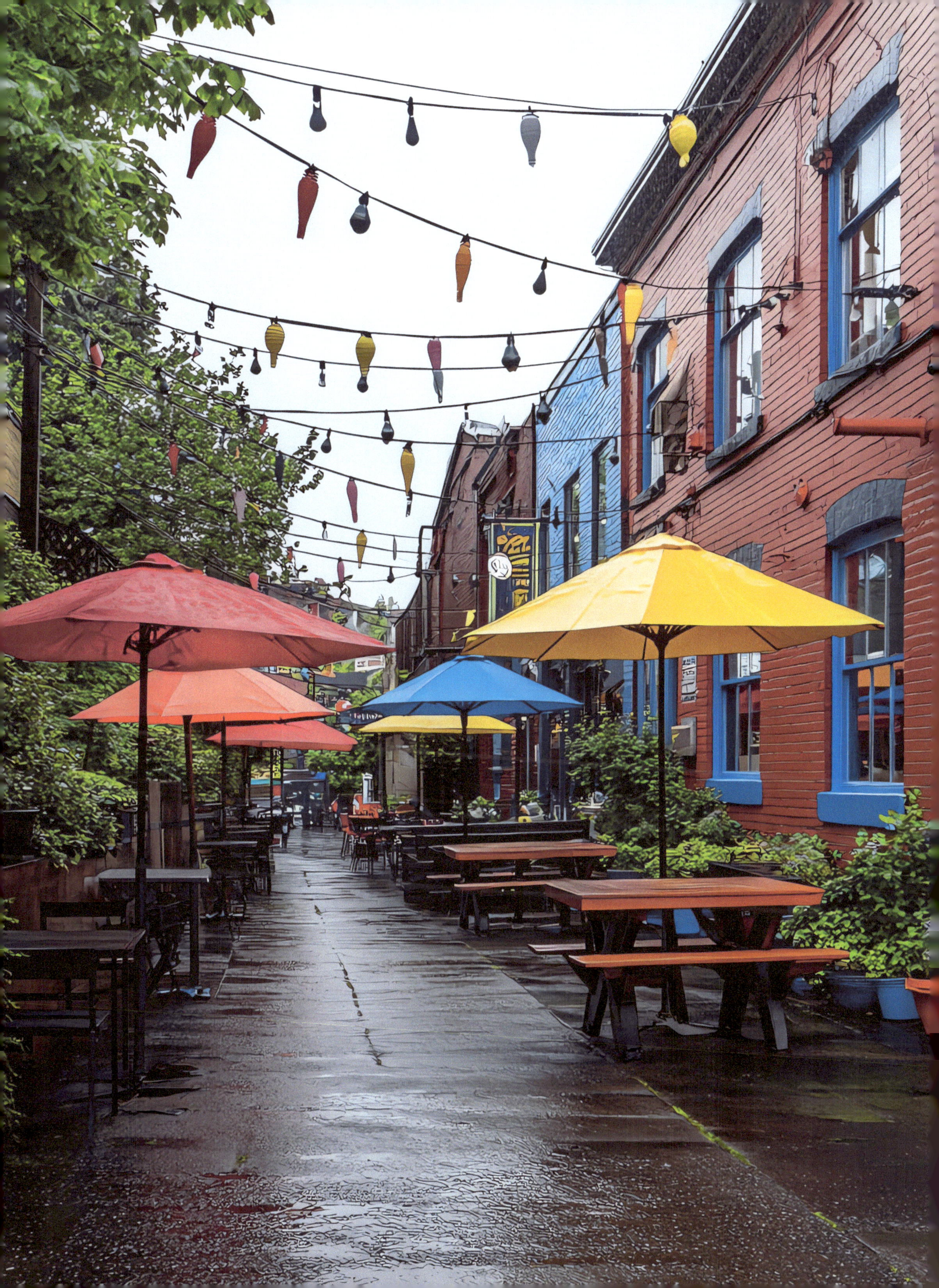

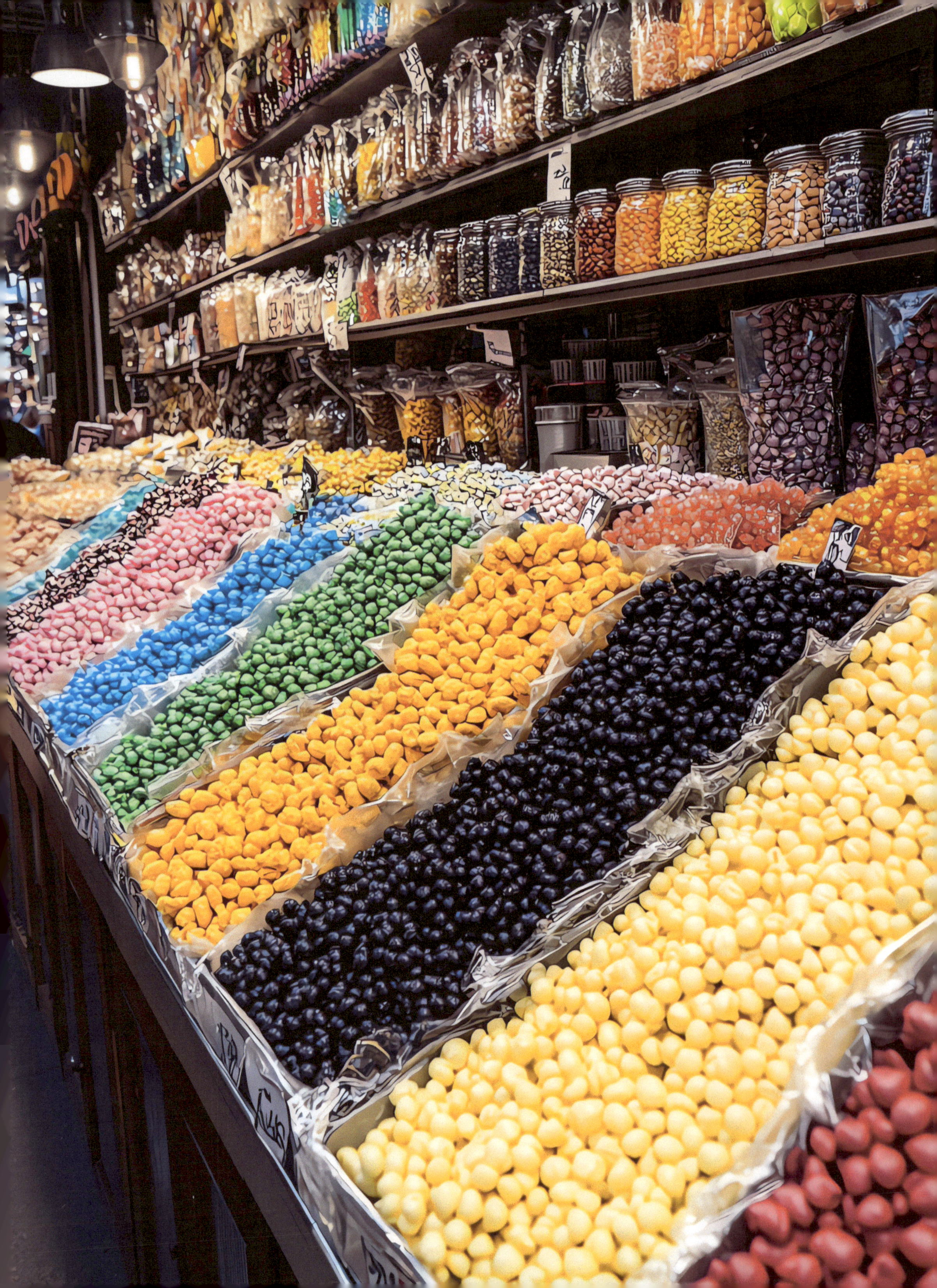

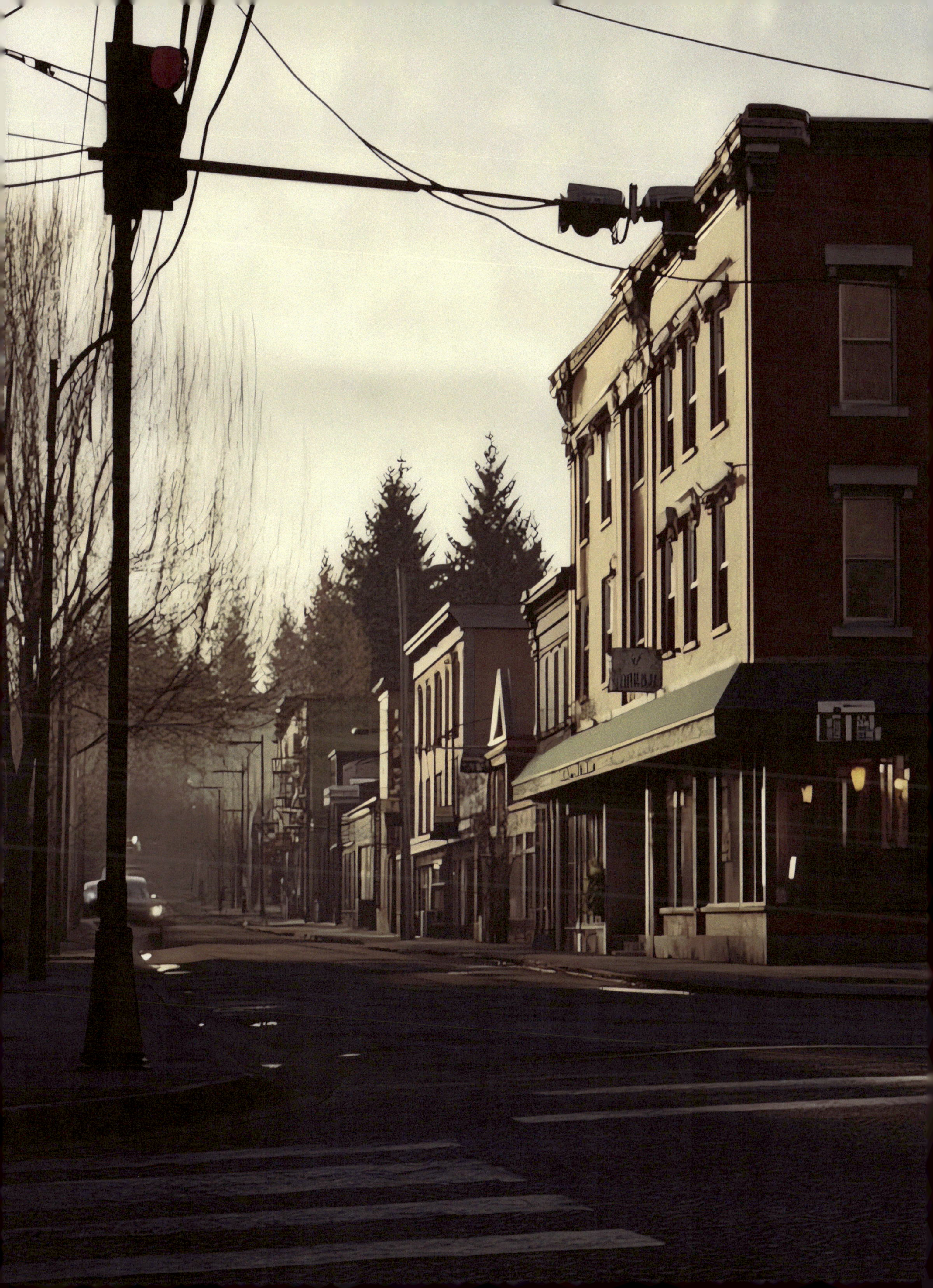

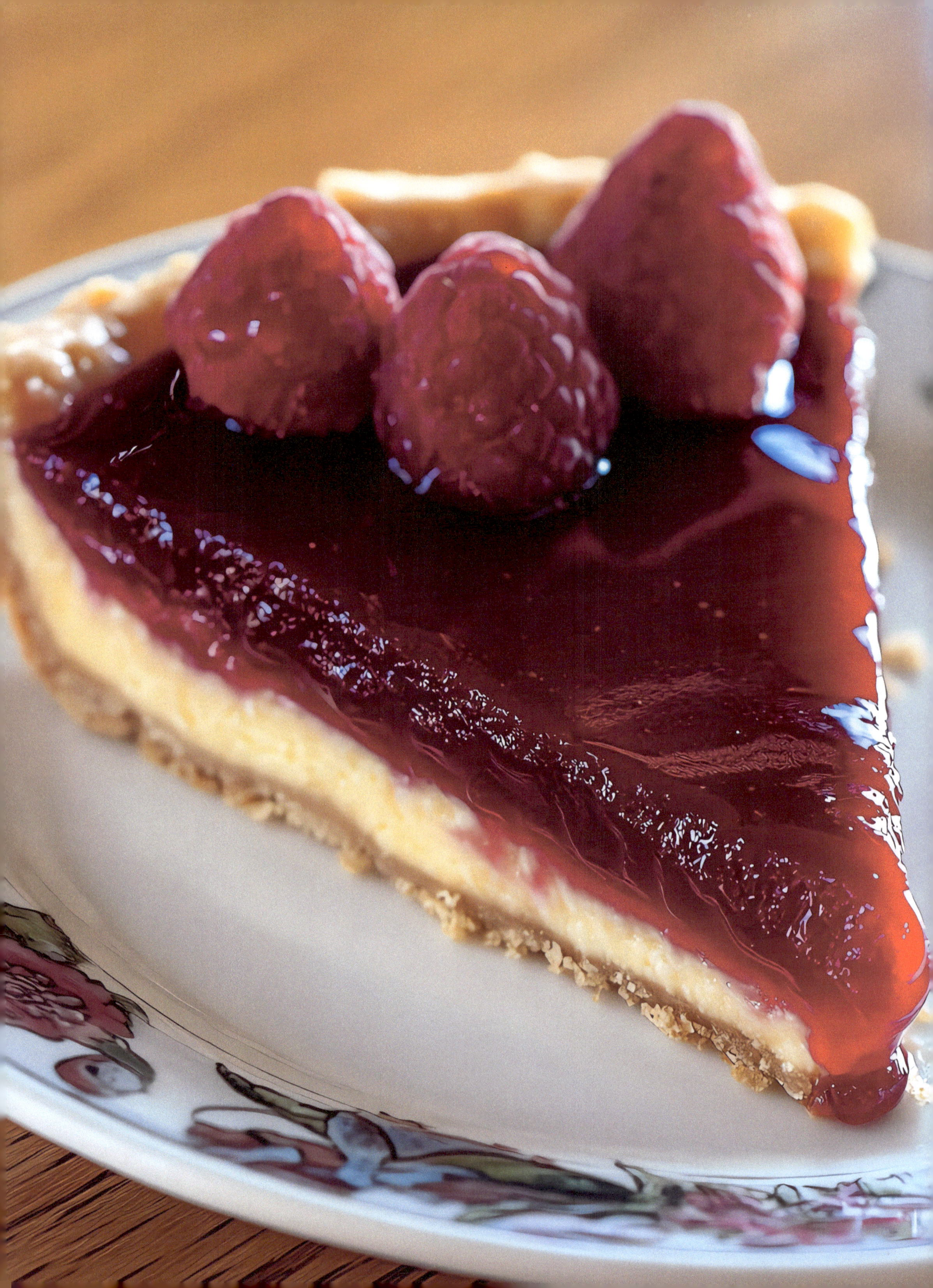

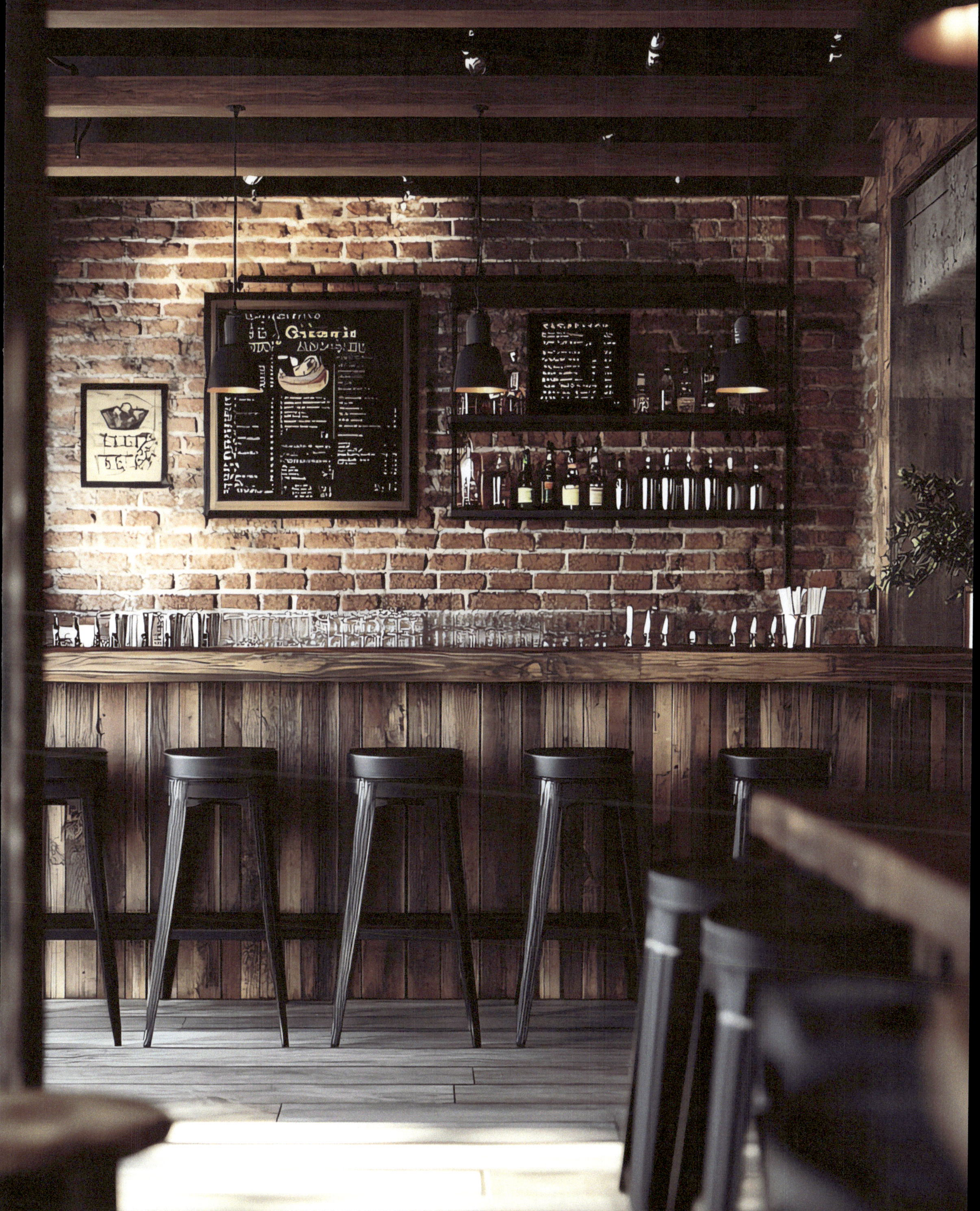

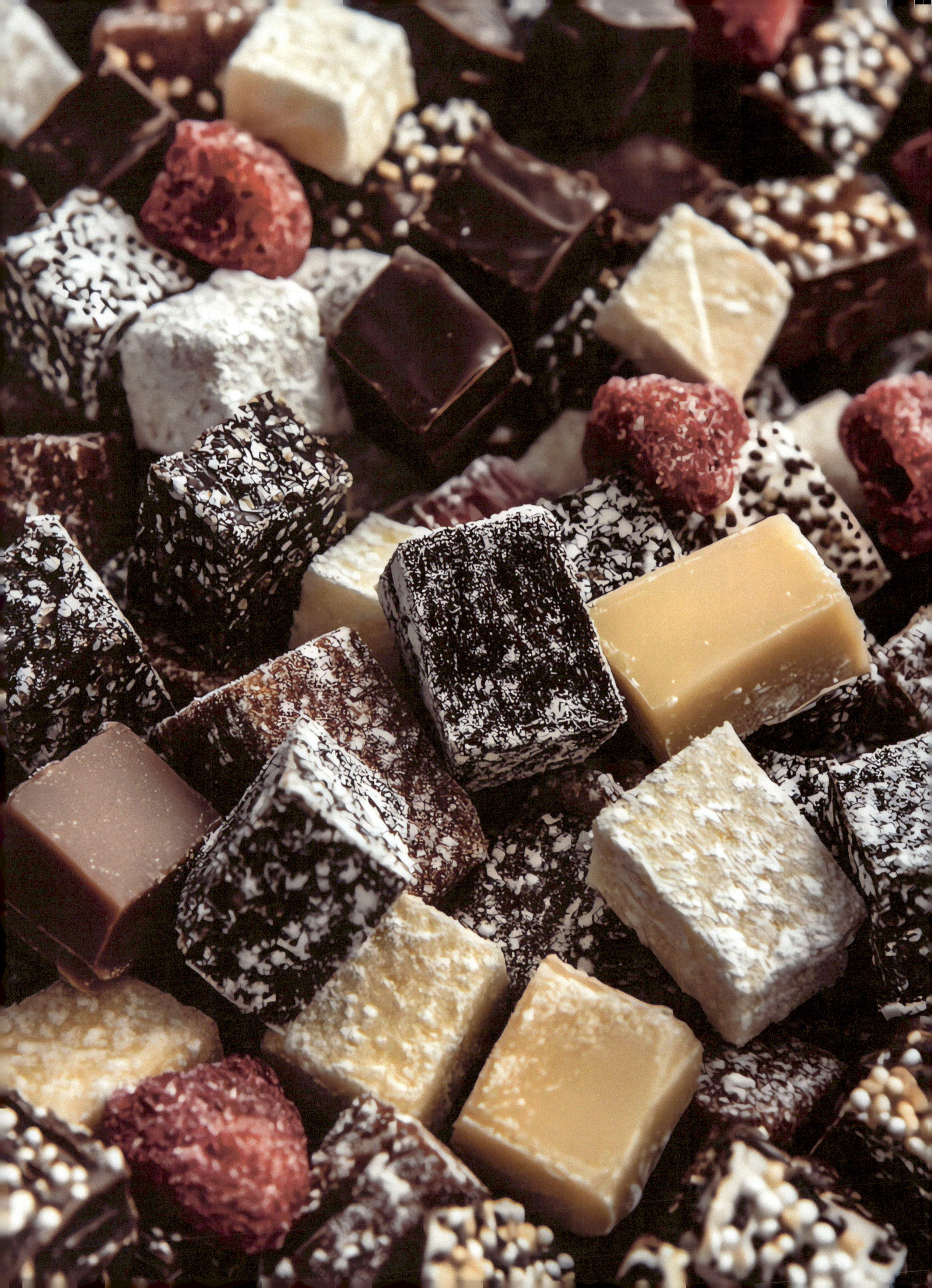

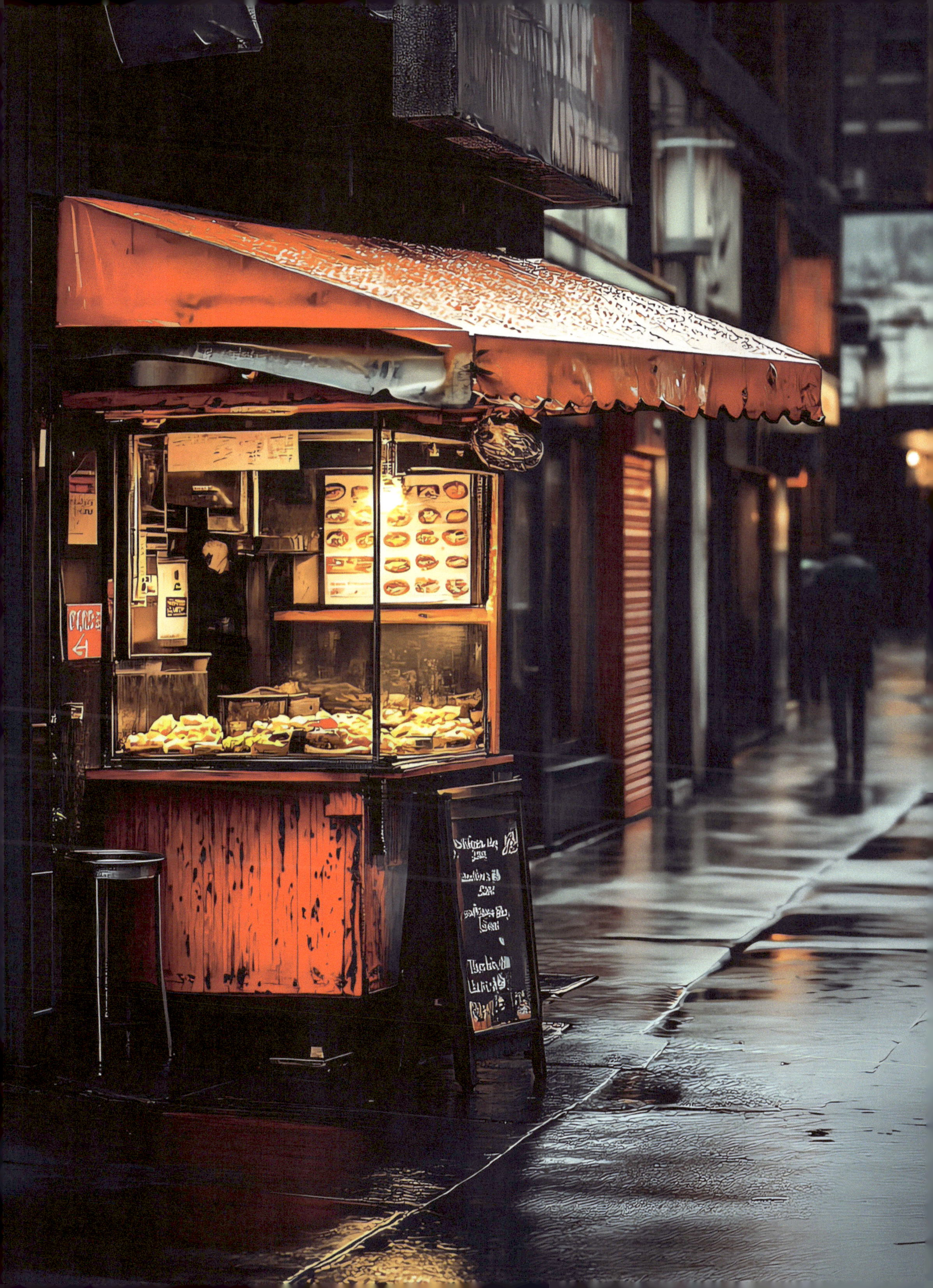

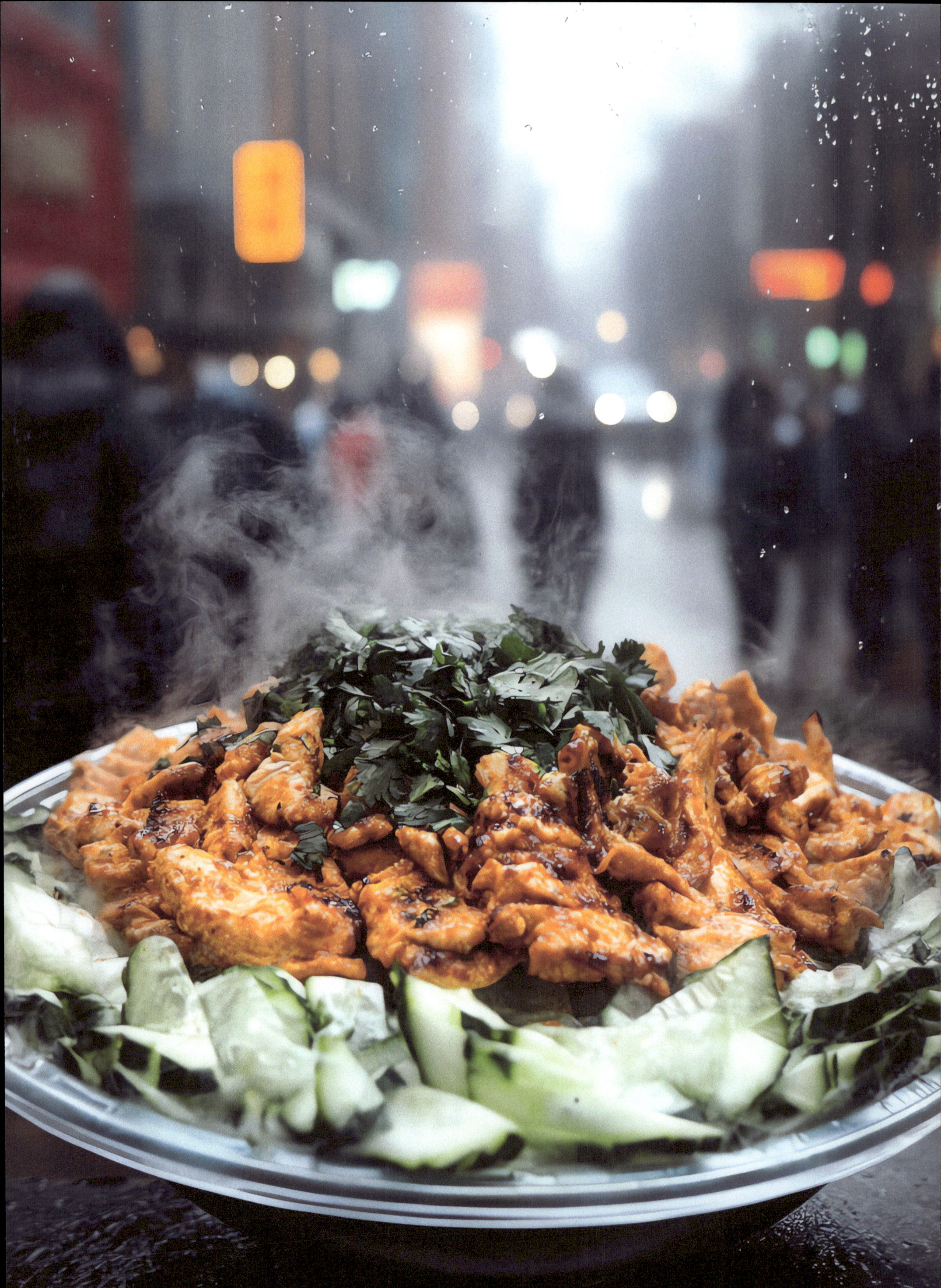

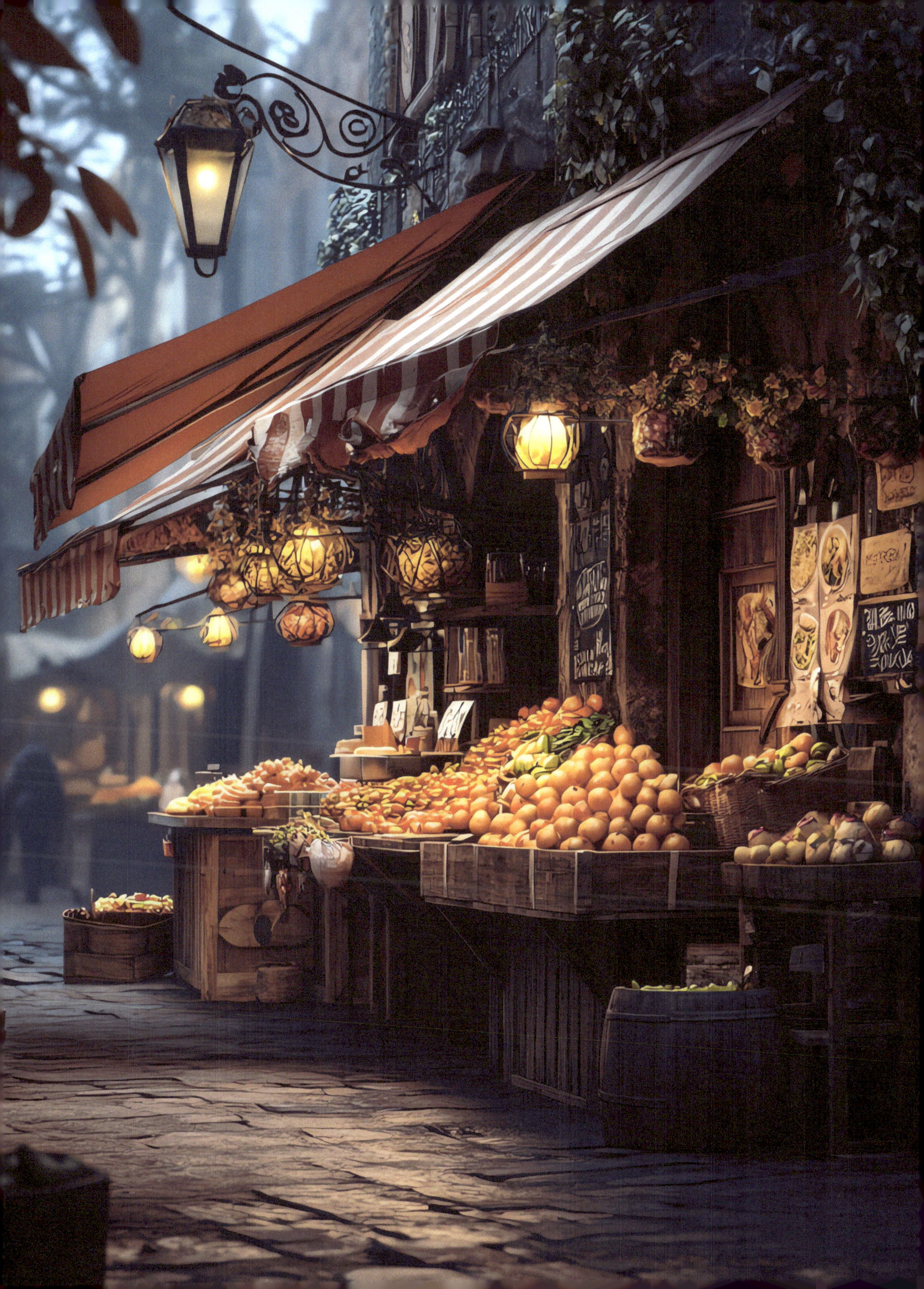

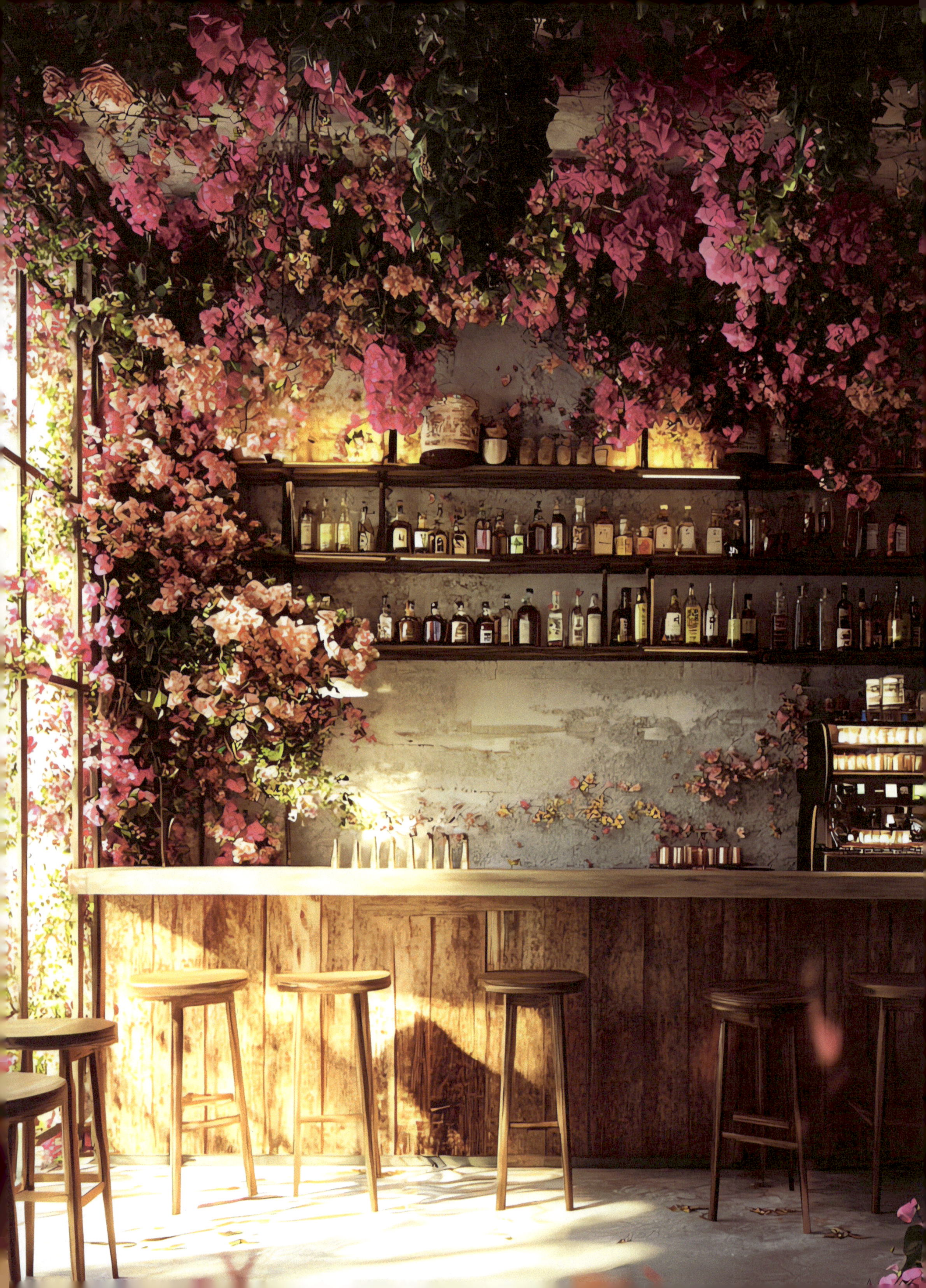